特別支援学級の国語(ことば)の授業

江口季好著

まえがき

ことばの教育は単に「ことばを指導する」というような狭いものであってはならないと思います。正しい発音ができるようにすることも、筆順を正しく身につけるということも国語の指導として大切なことですが、聞く力、話す力、読む力、書く力をとおして、人間らしく生きていく力を子どもたちのものにしていくという、広い全教育的なものとして考えていかねばならぬものではないでしょうか。それは、ことばの力というものが全教科の基礎であるということによるものでもあります。

算数で一から百までも千までも万までも計算しなければなりませんが、この「一、二、三……」という発音指導はことばの指導でもあり、「足す」「割る」「合計」などという用語も、語意味の理解を指導する国語の指導の分野でもあります。歌の歌詞も階名も国語的指導が必要であり、「イギリス」「フランス」というかたかなの指導は社会科の指導でもあり、試合のルールを体育の時間によく聞いて理解するのも、陶芸をやるときの「竹べら」「こねる」「ゆう薬」というような単語の理解も、「茎」「昆虫」「引力」というような理科の時間のことばも「信号」「歩道橋」というような社会生活のなかのことばの理解も、やはり広い意味では国語教育の内容でもあるのです。

わたしは、こんな考え方で、ことばの指導、つまり国語教育の実践をつづけてきました。だから、この範囲はじつに広いのです。しかし細大もらさず授業として構成していくことはできません。たく

さんの授業のなかから、ここに、

1　理解言語をひろげる授業（一〇例）

2　発音と話しことばを伸ばす授業（一三例）

3　読む力を伸ばす授業（一五例）

4　書く力を伸ばす授業（一五例）

の例をあげました。しかし、それぞれの項目には、いくつかの派生的授業例もふくまれているので、合計七〇例ほどになります。

日々の授業の参考にしていただいて、障害をもつ子どもたちが力強く生きていくことにつながっていけばこれ以上の喜びはありません。

一九九一年二月

江口季好

目次

第一章　国語（ことば）の授業内容

一　授業の展望

普通学級では一般的に教科書の進度にあわせて各月の単元が設定され、週毎の指導内容と一時間一時間の指導内容が決められ、子どもはその計画にそって学習していきます。

しかし、わたしたちの学級では、これとは逆に子どもの発達の状態に合わせて一人ひとりの子どもの学習内容が決定されます。そこで、わたしたちは否応なしに一人ひとりの発達の状態をとらえなければならなくなります。そして、この子にはどんな教材をどういう方法で指導していくかという計画を立案しなければならないのです。

こう考えると、わたしたちの教室では一人ひとりがいつもちがう教材で学習していくということになりますが、一斉授業もしていくことが大切です。一つのことについて、数人の子どもが、いくつかの考えを出して話し合っていく指導は一つの基本的授業形態として重視していかねばなりません。

とはいえ、低・中・高学年のどのクラスでも、一つの教材で統一的に一斉授業をしていくことは不可能な場合が多いのです。そこでどうしても一人ひとりの学習課題によって個別的指導をしていくことになりますが、可能な範囲で一斉授業を構成していきたいものです。

わたしは中学年の教室で六名を相手に一斉授業をします。音節が二十くらい発音できて文字は読むことができない子どもが三名、ひらがながほとんど読み書きできる子どもが二名、かたかなの読み書きができて漢字も二十以上書ける子どもが一人いる教室です。

ここで、わたしは「乗り物」の名前をたくさんあげる授業をします。「池上からブーブーって乗っていくものは何かな」と聞くと「バス」とすぐ答える子どもがいます。私は黒板にひらがなで「ばす」と書き、そばにかたかなで「バス」と書きます。そして何回もこの二音節の単語をみんなで読みます。このとき、三人には発音指導となり、他の子どもにはひらがなやかたかなの読みの指導になります。池上駅で乗るのは「でんしゃ」、おまわりさんが乗っているのは「パトカー」、絵を見せて「じてんしゃ」と言わせ、これらの単語を黒板に書いて「バス」と同じような指導をします。こうして一斉授業ができますが、この授業は同時に個別指導の授業です。「のりもの、もうないかな」と聞くと「アイス」と言ったり「プール」と言ったりする子どももいます。このような答えについてみんなで考えることも大切な授業です。

低学年でも高学年でも、これに似たような一斉授業はできます。そこで、発達に着目して授業をすすめるうえで、わたしはつぎの三つの形態をとることがいいのではないかと思います。

(1)六名いっしょにして行う授業

(2)三名ずつ二つのグループにわけたり、二名ずつ三つのグループにわけたりして行う授業

(3)一人ひとりに即して行う膝下指導（(2)と(3)の授業では、課題を与えて自習させる子どもがいることになり、または介添員がいるとグループ別についてもらうことになる。しかし、授業中、おもらしをしたり、てんかんの発作を起こしたりする子どももいるので、学級の子どもの発達や障害の質によって教師の一定の定員が必要であることはいうまでもない。）

とにかく、わたしたちは一人ひとりの発達をとらえて、子どもが生き生きと授業に参加するような内容と方法を考えて授業を構成していくようにしたいものです。

二　国語科の授業内容

　ここに授業形態として(1)(2)(3)と三種類をあげましたが、このことはどんな授業をするかという内容が形態を決定するもの、と考える必要があると思われます。そこでまず国語教育の構造を項目的に展望しておきます。

①発音（母音、子音、清音、濁音、半濁音、鼻濁音、長音、促音、撥音、拗音、拗長音、拗促音、一音節の発音・多音節の発音・アクセント、強弱、語勢・イントネーション、など）

②単語（品詞、外来語、擬音、擬声語、複合語、漢字の音と訓、比喩、方言と共通語、熟語、修飾語、同音異字、接頭語、接尾語、略語、など）

③文字（ひらがな、かたかな、五十音、漢字、筆法、長音記号、数字、部首、送りがな、助数詞、ローマ字、表記、句読点、長音や促音や拗音の書き方、は・へ・をの助詞、かぎ、かなづかい、記号、など）

③文（主語、述語、修飾語、接続語、単文、重文、複文、文末表現、呼応関係、普通とていねい、など）

⑤文法（品詞、指示語、動詞と形容詞の活用、自動詞と他動詞、形式名詞、など）

⑥語彙（反対語、上位と下位の概念、同類語、擬態語、擬人化、多義語、系列語、慣用句、敬語、直喩と暗喩、など）

⑦話しことば（あいさつ、話型、幼児語、幼児音、応答、会話、意見表明、説明、報告、伝達、伝言、など）
⑧聞くこと（指示がわかる、おもしろさがわかる、話の順序がわかる、メモ、感想、など）
⑨読むこと（ことばから様子を描く、意味がわかる、よい音読、おもしろさがわかる、あらすじがわかる、他の文と会話文の区別、共感や疑問や批判、辞書で調べて読む、主題をとらえる、すぐれた表現を知る、など）
⑩書く（単語で書く、文を書く、いくつかの文を書く、わかるように書く、順序よく書く、ありのままに書く、書くことを見つける、構想する、くわしく書く、精叙と略叙、読み返して推敲する、人の書いたものを評価し感想を発表する、一つのことを書く、心に強く思っていることを書く、正確な表現、豊かな表現、効果的な表現、説得力のある表現、論理的表現、説明的表現、個性的表現、詩的表現、など）

ここにあげたのは、かなり程度の高いものもあり、「文」と「文法」を一つにして単純化したほうがいいようなものもありますが、これらもつぎのような教材で授業の内容とすることができます。

①複合語（白くま、青虫、つなひき、朝日、まめまき、赤おに、かいがら、青空、など）
②同音異字（日と火、先と千、北と来た、木と気、用と曜、など）
③接頭語（おとうさん、おねえさん、大そうじ、など）
④接尾語（男らしい、ともだち、ひろさ、ふかさ、ながさ、など）
⑤略語（高校、とっきゅう、など）
⑥部首（休・体などのにんべん、村・林・校などのきへん、打・投などのてへん、など）
⑦単文（空が青い。ぼくがたべる。など）

⑧重文（りんごはくだもので、いぬはどうぶつです。など）、複文（先生がくると、みんながよろこぶ。）
⑨文末表現（そうです、だろう、らしい、でしょう、ます、ました、ますか、なさい、ません、など）
⑩呼応関係（けっして……ない、たぶん……だろう、まるで……ようだ、など）
⑪自動詞（ぼくがいく、わたしがたべる、など）
⑫他動詞（手をひっぱる、水をながす、など）
⑬形式名詞（たべたことがある、こんなにおいしいものはない、など）
⑭上位と下位の概念（――などはくだものです、――などはのりものです、など）
⑮同類語（おとうさん、パパ、父など）
⑯擬態語（ざらざら、ゆらゆら、ぐらぐら、など）
⑰多義語（ふくをかける、水をかける、かぎをかける、でんわをかける、レコードをかける、など）
⑱系列語（きのう・きょう・あした、春・夏・秋・冬、など）
⑲慣用句（耳がいたい、口を出すな、手も足も出ない、はなが高い、ほねをおる、など）
⑳直喩（赤ちゃんのような声、おじいさんのような歩き方、など）
㉑暗喩（人の山だ、風の子、など）
㉒幼児語（自動車をブーブー、犬をワンワン、など）
㉓幼児音（じてんしゃをじてんちゃ、くつをくちゅ、など）

ここでは教師の本ですから複合語とか略語とか、自動詞とか、形式名詞とか、いろいろな文法用語的なものを使用していますが、実際の授業ではこういう用語は使わないようにしたいものです。この中味を実際のかみくだいた授業で楽しく理解させることが大切です。でも「きへんの字」とか、「にんべんの字」などという用語は理解力に即して積極的に使っていかねばなりません。

また、一つひとつの項目をとりたてて長い時間扱うのではなく、話させたり、読ませたり、書かせたり、動作化させたりすることをおりまぜて指導するようにします。一つの項目の指導で四十五分間集中して楽しく授業がすすめられるようであれば、それはまた効果的な授業になるので、学級に応じて、時に応じて、伸縮自由に子どもたちの学習意欲に即して展開してほしいと思います。

三　授業実践例（内容と方法）

1　理解言語をひろげる授業

授業1　いっしょに遊ぶ

子どもたちのタイプはさまざまです。おとなしくて、だっこされることが好きな子ども、声をかけても、見向きもせず勝手に動きまわる多動な子ども、学校や大人をこわがってじっとしている子ども、あるいは、泣いている子ども、話しかけても、ミニカーや人形を持たせようとしても「いや、いや」とおこっている子ども、「しっこ、しっこ」と便所に行きたがる子ども。——一年生に入学した子どもたちのタイプはじつに多様です。

四月のはじめは、お母さんたちも登校後教室にいてもらって、いっしょに遊ぶことにします。しかし、子どもたちどうしは教室にいっしょにいるだけで、かかわり合いはほとんどありません。

声を出すことのできる子どももいれば、まったく声を出さない子どももいます。この子どもたちを遊戯室で自由に遊ばせます。トランポリンに上がっている子、お母さんとボール投げをしている子、ミニカーを持って遊んでいる子、マットの上に寝ている子、チョークで黒板になぐりがきをしている子、運動場に出たくてさわいでいる子がいます。

わたしはこの中にいて、一人ずつ相手になっていきます。トランポリンの所では手をたたいて調子をとってやり、つぎの子とボール投げをして、つぎの子とミニカーでいっしょに遊び、つぎは、マットの上にいっしょに寝てだっこしたり、「高い、高い」と言って、高くさし上げたり、つぎの子は両手を持ってぐるぐる回り、少し目が回ったと思うころ、はなして立たせたり、運動場に出ようとして泣いている子には、この子が好きなものをお母さんに聞いて、レコードなどをかけてやったりします。

こうして、わたしは一人ひとりの子どもを理解していきます。――いっしょに運動場に出ます。並んで、にわとり小屋やうさぎ小屋に行きます。砂場で穴を掘ったり山を作ったりします。教室に入って手を洗い、ハンカチで手をふかせ、歌を歌って、「先生さようなら。みなさん、さようなら」ということになります。これを三週間くらい続けます。そして、みんなで一つの遊びができるようにしていきます。

授業2　みんなで一つの遊びをする

一つの遊びといっても、四十五分間とおして一つの遊びをするのではありません。三つくらいの遊びを一つずつみんなで遊ぶのです。

全員が好きで、つづけて遊びそうなものを選びます。はじめに、ミニカーを何種類か出してみんなで走らせます。教師もいっしょになって声を出しながら走らせて、子どもたちが模倣するようにします。

・ブーブーブー（乗用車）
・ピーポーピーポーピーポー（救急車）
・パーポーパーポーパーポー（パトカー）
・ウーウー・カンカンカン（消防車）

つぎにミニカーの遊びはやめて、みんなでトランポリンに乗るようにします。一人ずつやらせてもいいし、二人ずつやらせてもいいし、大きいトランポリンやマットなら六人いっしょに乗せて、ぴょんぴょん飛んであそびます。

つぎに、積み木を出してみんなで高く積んだり、長く並べたりします。大きい積み木ならばその上を歩かせたりします。

こうして四十五分すごします。音楽の時間に歌わせることも発音の指導なので国語の学習とふかくかかわっています。粘土をいじって遊んだり、だんごを作って並べたりするのも指先を使うので文字を書くことにかかわっています。体育も「大きくなれ、大きくなれ」と言って手をあげさせるのは言語指示の理解力を高めることになるので「聞く力」を伸ばすことにかかわっています。しかし、これらは各教科の独自な目標をもっているので純然たる国語の授業ではありません。

授業3　絵の指さしの授業

『こくご入門編1』(以下『こくご』および『こくご入門編』とは同成社発行の同書のこと）の2ページから28ページまでの教材を順次ゆっくりと指導します。

単語は「木・手・目・口・火・戸」の一音節のもの、「みみ・もも・パン・本・ペン・門・いぬ・ねこ・うし・ぶた・くつ・かさ」などの二音節のもの、そして「トマト・だいこん・ひこうき・つくえ・テレビ・バナナ・ライオン・ちょうちょう」などの三音節の単語、そして長音や促音や拗音や拗長音などの単語へとつづいています。

ここまでの授業は、とくに発音することを目標にはしていません。「〇〇はどれかな」と聞いて、指さしができるということが、全員に到達させたい指導の内容です。指導の方法については同書の各ページにのべているのでご参照いただきたいと思います。本による指導は、絵でするのですが教室では実物を用意できるものは、できるだけたくさん本物を使って指導したいと思います。

また、この段階では、2ページにある「木」も校庭やいろいろの場所にあるたくさんの木も「木」というようには理解していません。「目」も人の目、魚の目、動物の目、昆虫の目などたくさんあるものの総称であるという認識はありません。キャンプファイヤーの火とガスの火が同じだとは理解していません。しかし、このことを大切にしてできるだけ多様なもので総称的なことばであることを理解させるようにしたいと思います。

授業4　語いをひろげる

絵本を広げて、そこに書いてあるさまざまなものについて指さしをさせます。絵本は動物園のページもあれば、くだもののページもあれば、のりもののページもあります。動物園のところで、とら・きりん・ライオン・さる・ゴリラ・かば・くま・馬・たぬき・きつね・へびなどを見せて話し、「とらはどれ？」「きりんはどれ？」などと聞いて指さしをさせます。くだものや、のりものについても同じような授業をします。

名まえが言える子どもには「これ、なあに？」と聞いて、動物の名まえを言わせます。「きりん」を「ちんちん」と言ったりする子どもがいます。こんな発音をメモしておいて、発音の指導に役立てることが大切です。「き」は「ち」という音になりやすく、か行は、た行になりやすいのです。「り」というら行の音は、五十音表では「ら・る・れ・ろ」とともに構音上いちばん困難なものです。そのため「り」の音は欠落しやすくて、「きりん」は「ちん」になります。子どもたちはよく「ちんちん」という語を聞いているので、数多く耳にはいっている「ちんちん」となるのです。子どもたちの発音を聞いていて、このように構音指導の問題を考えていくことは、子どもたちのこれからの指導上どうしても必要なことです。

しかし、この段階ではものの名まえを言って、それを指さしできればいいのですから、とりたてて構音指導はしません。

授業5　動物のなき声あそび

牛の絵を見せて「モーモー」と言わせ、犬の絵を見せて「ワンワン」と言わせ、からすの絵を見せて「カー」と言わせ、やぎの絵で「メーメー」、ねこの絵で「ニャーニャー」などと言わせます。

こうして、遊戯室などで四つんばいになって「ウー、ワンワン」と言って犬のまねをして遊び、つぎに「モー、モー」と言って牛のまねをして歩き、ねこになり、やぎになり、最後はからすになって、手を左右にあげてとんで歩きます。

「ウー」「ワンワン」「モー」「メー」「カー」などは発声しやすい音節です。「カー」が「ター」と聞こえてもあまり注意しないで楽しく大声を出して遊ぶようにします。

授業6　感覚あそび（楽器を使って）

ラッパを吹いてみせ、子どもたちにも吹かせて音を出させます。一人ひとりに吹かせたり一斉に吹かせたりします。オルガンをひかせたり、ピアノの鍵をたたかせたりして、この二つができるようになったらピアニカをひかせます。

つぎに大だいこ、小だいこ、トライアングル、タンバリン、カスタネット、木琴などの音を出させます。こうして、しだいに「ドーン、ドーン」と言いながら大だいこを打たせ、「トントン」と言いながら小だいこを打たせるようにします。「チーン」と言いながらトライアングルを、「カチカチ」と言いながらカスタネットを打たせます。

ピアニカを吹くことができると、パ行やマ行はきれいに発音できるのです。「ドン、ドン」「チーン」なども大きな声で言わせながら音を出すようにします。トライアングルを「チーン」とならしてお経を「にょう、にょう、にょう」ととなえる子どももがいたりしますが、その発声もみとめて、発声練習をします。

授業7　ぐるぐるがきをする

赤や青や黄色などの、色とりどりのサインペンを用意して紙にぐるぐる書いて見せ、子どもたちにもぐるぐるがきをさせます。

子どもたちといっしょに「赤、ちょうだい」「みどり、あげる」「ほら、ピンクのまるよ」などと言いながら、いっしょに楽しく書くようにします。

まるをぐるぐるつづけて書くようなったら、まるを一個ずつたくさん書いたり、大きいまるを書いたり、小さいまるを書いたりします。

それからヨコの線を書いたり、左右につづけて書いたり、上下につづけて書いたり、斜線をつづけて書いたり、「あんパン、あんパン」と言ったり、「りんご、りんご」と言ったりしながら線を書くようにします。

円を書いて中をぬりつぶしたり、色板をおいてその周囲に線を書いたり、教師が「りんご」と言って円を書いてやって赤くぬらせたり、「みかん」と言って黄色をぬらせたりします。

最後には、書いたものを黒板にはって「これは、けんちゃんが書きました」「これは、さち子ちゃんが書きました」と言いながらみんなで拍手します。

授業8　お使いごっこ

教師の机の上に本やペン、ノート、ゴム、色紙などを置いておきます。教室には教師の他に大人が二人くらいいるようにします。

はじめに、一つひとつのものを見せて「ほん」「ペン」「ノート」「ゴム」「いろがみ」などと言わせます。言えない子どももいます。そのときはこれらの教師のことばを耳に入れるということだけですが、このこともたいへん大切なことです。数多く聞いていくことがやがてそのことばが言えるようになる条件だからです。

「さあ、○○くん、この本を小林先生のところに持っていってね」

と言って、三メートルくらいはなれたところにいる小林先生に、本を持っていくお使いをさせます。小林先生は

「けんちゃん、こっち、こっち」と声をかけて呼びよせ、本をもらって「ありがとう。よくできたよ。うまい、うまい。」とほめます。それから、順番に、

「こんどは、○○ちゃん、このペンを関口先生のところに持っていってね」

と言って、持っていかせます。

言える子どもには「どうぞ」と言わせ「本、どうぞ。」と言わせます。また、渡すときは礼をしてさし出すように教えます。

さらに、こんなことがよくできたら、持っていったあと「江口先生、あげた」「あげてきました」などと報告させるようにします。また、「このペンは関口先生に、この本は小林先生にあげてきてね」と二つのものを二人に正しく渡してくることができるようにします。上下の唇を合わせて「ペ」と言えるようにする口型模倣の指導なども随時入れていくようにします。

授業9　ことばと事物

小さな箱に赤・黄・緑・青・黒などの色をぬります。箱でなくてキャップを強くしめたマジックインキでもいいのです。五種類くらいの色のついた物を教師の机上において、色の名まえを言わせます。

「これは？」

と箱をあげて「あか」とか「くろ」とか答えさせます。一斉に答えさせてもいいし、一人ひとりに答えさせても

いいし、言えない子どもには教師が言ってやるだけでいいのです。口型模倣をさせるだけでもいいのです。そして、これらを子どもの机の上において「赤ちょうだい」「黒ちょうだい」と言いながら正しく教師にさし出すことができるようにします。

一人ひとり、机の上においてこの指導をしていきます。「あか」「あお」「くろ」というような音声を聞きわけて、事物の色と結びつけることは、言語と事実の一致を基本にした国語の学習をさせていく第一歩なのです。

五つの色は多すぎることもあります。赤と黄色の二つの弁別力を身につける段階の子どももいます。赤と青と黄色の三つの色がわかることは信号機の色がわかる大切な学習内容です。指さしができるようにする弁別力の指導から、反唱によって色の名まえが言える指導へ、そして自分で判断して正しく色の名まえが言えるように順次的に指導したいものです。

うまくはできなくても「ちょうだい」と言えば手にのせてくれることはじつに大切なことです。言語はコミュニケーションの機能をもっています。これは「思想・感情のやりもらい」ということでもあります。言語による思想・感情のやりもらいができるためには、その原点になる能力として、お菓子やおもちゃなどの品物のやりもらいができる力が必要です。だからこの授業は言語の本質に即した学習です。「どうぞ」と言ってさし出した物を受けとり、「ちょうだい」と言えば指さした物を手にのせてくれることができるとき十分ほめてやります。

授業10　二語文の理解語を伸ばす

二語文というのは、主語があって名詞や動詞や形容詞の述語をともなうものです。黒板に赤い大きな丸を書いて、青で小さな丸を書き「どれが大きいの」と聞きます。このとき「赤い丸が大きいです」とは言えないけれども、赤い丸の方を指さすことができるのは、二語文を理解しているということになるのです。「どれ」は代名詞で赤と青の二つの単語をさしているので「赤が大きいですか」「青が大きいですか」と二つの文で聞いてもいいのです。形容詞述語文の二語文で疑問形なのでいちばん理解しやすい文形です。

子どもはここで、たずねられたことを理解しなければならないし、また「赤が大きい」という認識が成立しなければならないし、その認識を行動（指さし）で表現しなければならないのです。

「○○ちゃん、赤が大きいかな、青が大きいかな」

「○○くん、青が大きいの？　赤が大きいの？」

「○○さん、赤が小さいかな。青が小さいかな。どっちが小さいの？」

などと「大きい」「小さい」という二つの単語で授業を展開してもいいのです。

そして、紙を配って、赤と青のフェルトペンを渡して、

「赤の大きい丸を書いて」

「青の小さい丸を書いて」

などと言って書かせます。よく書けたらほめてやります。

また、長い赤い線と短い青い線を黒板に書いて「丸」の指導と同じように「赤が長いの？　青が長いの？」などと聞いて、指しさせます。それから「青の長い線を書いて」「赤の短い線を書いて」などと言って書かせます。

この二語文の理解を伸ばす指導をして、形容詞述語文だけでなく、動詞述語文も名詞述語文も扱うようにします。積み木をたてて「赤がたおれた」「青がたおれた」というような授業で動詞述語文を扱ってもいいし、犬と猫の絵で「どれが犬？」ときくと「これが犬」という意識で犬を指さすようにする指導は名詞述語文の二語文を理解させることになるのです。

この三つの文形の理解を指さしの動作でいろいろと言葉かけをしながら展開したいと思います。もちろん「こっち」「あか」「あお」などと言える子どもにはどんどん言わせるようにします。

2　発音と話しことばを伸ばす授業

授業1　いくつかの名詞が言えるようにする

『こくご入門編1』の30ページから37ページまでを楽しく動作化させながら展開します。この指導の過程で「ドン、ポン、ブーブー、バン、ピッ、モー、うし、ブー、ぶた、ワン、いぬ」などという語の発音をうながします。

かなり発音できる子どもがいる場合は、みんなで遊んだあと、つぎのようにみんなで声を出させます。

・メーメー……………やぎ
・モーモー……………うし
・ワンワン……………いぬ
・ニャーニャー………ねこ
・カーカー……………からす
・ピヨピヨ……………ひよこ

この逆に、

・やぎは……………メーメー
・うしは……………モーモー
・いぬは……………ワンワン

と発音させるようにしてもいいのです。みんなで大きな声を出して言うようにして、発音できない子どもも、このうずの中で発声する気持ちを育てて、口を動かすようにしていきます。この場合は教師の口型を見せて模倣させるのもいいし、上下の唇が結べない、開いたままの子どもには手で結ぶように指導してもいいのです。上下の唇がしっかり合うようになると「マ」や「パ」がきれいに発音できるようになって「ママ」「マメ」「パン」「パンツ」「パンダ」などと言えるようになっていきます。そしてマ行やパ行やバ行の音節からできている単語も言えるようになっていきます。（ミカン、ムシ、メダカ、モチ、ピン、バスなど）

授業2　構音力を伸ばす

音声が出てくる順序は、個人的にかなりちがいがありますが、およそつぎのようです。

①アー、ウー、バッ、ブッ
②ママ、ワンワン、パパ
③ジャー、モー、ねんね
④はい、ト、タ、ジュース、ない
⑤バイバイ、あった、かいしゃ、ニャーニャー
⑥パ行、バ行、マ行、ヤユヨ、アイウエオ
⑦あのね、にいちゃん
⑧ごはん、ちこうき（ひこうき）、あった（あした）
⑨とって、きれい、かわいい
⑩あつい、いたい、たべた、ない

もちろん、数多く聞いている音節がはやく出てきますので、各家庭の音節環境によってちがいがあります。

池上小学校の心障学級の一年生では、つぎのような音節が出ています。

A女＝おうち、ボブ（犬の名）、こうえん、ママ、じじちゃん、ワンワン、ダメネ

B男＝は、いたい、プール、ママ、いった、あけて、おいも、いただきます、バイバイ、がっこう
C男＝ブーブー、はーい、パン、ハム、パパ、おはよ、さよなら
D女＝おいしい、ない、いない、いた、おそい、ママ、パパ、がっこう、かいもの
E男＝キー（きりつ）、おあよう（おはよう）、いちご、アジアジ、ホッポー、ワジワジ、アチトー、ビビビ、アウ、ああなら（さようなら）
F男＝ボーン、ウン、みっけ（みつけた）、ケーキ、ごはん、ぼくの
G男＝クラウン、コロナ、カリーナ、カローラ、セリカ、スターレット、スプリンター、チェイサー、ギャラン、スカイライン、ローレル、グロリア、セドリック、ワゴン、チェリー、ブルーバード、ロータスエリート、サニーエクセレント
H女＝ゲー、アーララコララ、いない、めがねないよう、がっこう
I女＝おとさん、おさけ、あたまいたい、かいしゃ、だめ、バカ
J女＝なおちゃん、えぐちせんせい、おみせにく、たべた、カレー、おいしい、いっしょ、ねんね

ここに一〇人の表出語彙をあげましたが、これを音節的にみると「パ行・バ行・マ行・ヤユヨ・アイウエオ」につづいて「タ行・ダ行・ナ行・ガ行・チャ行・カ行・ハ行・サ行・ザ行・ラ行・拗長・拗促音（いっちゃった）」などの順になるようです。

この構音指導は『こくご入門編1』の38ページから70ページまでの絵や『こくご入門編2』の10ページから28ページまでの絵で指導することができます。ページをおって順次に授業をしていくことができるように配列しています。

授業3　ものの名まえがわかり、正しく言えるようにする

ものにはすべて名まえがあります。教室にあるものを指さして、

「これ、なあに」

と聞いて答えさせる授業は、いくつかの単語が言えるようになった子どもたちだと楽しく参加できます。しかし、ある子どもは、ピアノを指さして聞くと「さいた」と言います。ピアノで「さいた、さいた、チューリップの花が」と、いつも歌っているので、ピアノを「さいた、さいた」と言うのです。はさみを見せると「チョキンよ」と言います。

これらは幼児語でもなく、幼児音でもない、この子どもたち独特の表現です。バナナを見せると「おいしい」と言い、湯飲み茶わんを見せると「おちゃ」と言い、包丁を見せると「だめ」と言い、ランドセルを見せて聞くと「せんせい、さようなら」と言う子どもがいます。

こんな子どもたちに、わたしはものの名まえが正しく言えるように、教室にいろいろなものを用意して、それらを見せながら答えさせます。用意するものは何でもいいのです。

ハンカチ・コップ・さじ・はし・ぞうきん・歯ブラシ・貝がら・石・びん・はこ・消しゴム・ものさし・鉛筆・のり・セロテープ・マジックインキ・ボールペン・ふろしき・手ぶくろ・ちり紙・タオル・はさみ・めがね・ネクタイ・くつした・せっけん・新聞・手紙・はがき・切手・カスタネット・タンバリン・ハーモニカ・ピアニ

カ・積み木・輪投げ・粘土・虫めがね・磁石・電池・ランドセル・テレビ・防災ずきん・ヘルメット・笛・旗・びょう・机・いす・ガラス・花びん・水そう・本・時計……思いつくままにあげても五〇くらいあります。

これらの一つひとつについて「これは、なあに?」と聞いて、正しく答えさせるようにします。

こういう授業は、人間のからだの各部分についてもできます。また、運動場には、朝礼台や水飲み場・砂場・鉄棒などのさまざまなものがあるし、花壇にはいろいろな花があるし、飼育小屋には、うさぎやにわとりがいるし、どこでもやれます。

こうして、一つひとつのものの名まえを教えながら、単語の理解をひろげていきます。この場合、それぞれの単語の一つひとつの事物はどういうものであるか、その内容を話して理解させます。この授業は、それらがどのような役にたっているか、それがないとどう困るかということを話題にします。

授業4　発音の指導

この項は養訓として特別に指導する内容でもありますから、ややくわしくのべることにします。

子どもは生後二週間ほどで音にたいして反応するようになります。しかし、ことばにたいしては反応するはずがありません。でも、お母さんは「いい子、いい子、ほら、おっぱいよ」などと話しかけます。このようなお母さんのことばは、じつはきわめて大事なものなのです。

これは、子どもに人間のことばというものの聴覚印象をもたせることであり、発語感覚を育てることであり、発語運動をよびさます言語教育だからです。このようなお母さんのことばは、その子にとっての最初の国語教育であるといえます。ことばの聴覚印象は音韻形成の第一歩なのです。

生後二か月をすぎると、子どもは意味のない喃語《なんご》を出して、それを自分で聞いて楽しむようになります。いわゆる、犬がクンクンないているのとよく似たBabbling（喃語）時代をむかえます。

喃語は人類的共通性があって、各国語に共通する音で、民族性による遺伝は認められません。日本の子どもも、生まれてすぐにドイツ語のなかで育てられるとドイツ語の音韻を身につけ、ロシア語のなかで育てるとロシア語の音韻を身につけます。音韻の形成は後天的なもので、教育の結果として成立するものです。

生後六か月ほどすると、子どもはまわりの人の音声を聞きわけるようになり、それを模倣していくうちに、日本語の音韻を自分の内部に形成していきます。そして、積極的に語いを習得し、一語文が言えるようになり、しだいに単語と単語を結びつけて、日本語の文法にかなった話をするようになります。

お母さんが、「おっぱい、おっぱい」と言って与え、お父さんもそばで「おっぱい、おいしい?」などと語りかけ、にいさんやねえさんも「おっぱい、のんでるね」などとそばで言っているうちに、「おっぱい」という語を模倣するようになり、自分の発語器官を動かしてつかんだ音声の印象が形成されます。この意識の内部に成立したものを音韻といいます。

一つひとつのことばは、語意味と音韻が結びついているために、人間は「クチ」といえば「口」をただちに思い出し、「アメ」という音韻はただちに「雨」という語意味に結びつきます。犬を見れば「イヌ」という音韻が心に浮かび、その浮かび出る時間はゼロといっていいほど速いのです。音韻と語意味は一体的なもので、そこに生まれる語意識群が、その子どものことばの力のもとになります。音韻は一人の人間のことばでなく、たくさんの人が「イヌ」といい「アメ」という音声の印象によって抽象化されて成立するために、音韻の成立のためには子どもは集団のなかで育てられることが大切だといえます。このように音韻というのは一つひとつの語意味、つまり概念をとらえるもので、この力がなくては十分な言語行動をすることができません。

ところが、幼児が十分に音韻を形成しえていないために、たくましく言語行動を展開することのできない場合があります。発語につながる音韻がうまく形成されない主な原因は五つほどあるのではないかと思います。

①病理的原因（耳の故障、てんかん、外症、身体障害、口蓋裂、ダウン症候群など）
②機能的原因（記憶力、表象力、想像力、注意力などの一般的認識諸能力のおくれ）
③心理的原因（話す意欲に欠けている子どもや、親がことばを先どりしていて、話す必要がないような育てられ方をした子どもや、ある自閉的な子ども）
④社会的原因（外国で生活したり、親が無口だったり、ろう者だったりして、日本語を正しく聞くことが少なかった場合）
⑤身体的原因（発語器官の障害と発達のおくれ）

ことばが正常に発達していない子どもは、だいたいこの五つの原因のうちのどれかに該当するのではないかと思います。

一人の子どものことばの発達のおくれを考える場合、私たちはその原因を正しくとらえなくてはなりません。

そうしなければ正しい指導はできません。この五つのうちの、①から④までは教室で指導するだけでなく、医学的、社会的なかかわりが大きいのです。ここでは、直接的な教育の仕事として、とくに⑤の問題にかぎって、少しくわしく考えたいと思います。

発語器官の発達のおくれの原因は多様です。発語器官には、声帯・咽喉・軟口蓋・硬口蓋・舌・鼻腔・口腔・唇・歯などがあり、これらはみんな構音力に関係があります。これらがよい発達をしていなければ、日本語の一〇一の音節を正しく発音することができないし、音韻を十分に成立させることが困難です。

また、声帯に故障があればきれいな声が出ません。分泌物の多い場合もよい発音ができません。そんな声を笑われたりすると無口になり、話す力が身につかなかったりします。こんな場合は子どもを解放的にし、たくましく育て、集団としての人間関係を重視する指導が大切で、医師との連絡も必要かと思います。

咽喉は、太い声を出したり高い声を出したりするとき、それに応じた運動をします。「ほたる」を「おたる」と言うような子どもには、うがいなどをよくさせて咽喉の運動機能を高めるようにしたほうがいいようです。うがいは、咽喉や軟口蓋を使い、長い呼気が必要です。「は・ほ」などの声門を使う音や「なにぬねの」という鼻音が不得意な子どもにも効果的です。

舌は微妙に動かねばなりません。固くしたり、やわらかくしたり、先をまるくしたり、V字型にしたりして出したり、唇といっしょの運動でものを吸ったり、食べているものを動かしたり丸めたり、自由に動かすことができなければなりません。「か・が」などの奥舌音、「し・ず」などの歯音、「つ・しゅ」などの歯茎を使う音などは、舌の器用な動きによって発音されます。液体や固形のものを、上手に飲んだり食べたりできるようにすることが舌の運動を器用にしていきます。

口腔はいろいろな音節の発音に応じて自由に型をかえねばなりません。大きくして「あ」と言い、中くらいにして「え・お」と言い、小さくして「い・う」と言うだけでなく、他の発語器官と合わせて微妙に変化させねばなりません。

唇は「ぷ・ぶ・む」などの破裂音や通鼻音、または「ふ」という摩擦音などの発音に欠くことができないもので、この微妙な動きなしには上手な発音ができません。笛を吹いたり、机の上においた軽い物を吹きあうような遊びで唇の動きをよくしていくことができます。

歯は「ち・つ・す・ず」などのたくさんの発音に必要です。奥歯をかめば前歯の根もとに下の歯がつくのがふつうです。固い物を長時間噛むことは脳によい刺激をあたえるし、舌や唇などの動きも器用にします。噛む力は発音に大きなかかわりがあります。

発音には肺の運動や腔内気圧をつくる力も必要で、呼吸はすべての発音にかかわっています。細いストローでしゃぼん玉の液を吹いて、あわをたくさんつくるようなことで呼気の訓練ができます。呼気が長く続かないと「しょうぼうじどうしゃ」「ぎゅうにゅうやさん」というような単語が一息で言えません。

このほか、ことばの発達には感覚力、記憶力、想像力などの認識能力も参加します。ことばには、人間の精神的、肉体的各要素とともに、その人間の生活的環境が大きくかかわっています。

子どもが話す力を身につけるには、その子どもに音韻が形成されねばならないし、そのためには耳でとらえ、その音を模倣して発音することができる発語器官が十分に成長していかねばなりません。

ことばにおくれがあると思われる子どもには、そのことをあまり意識させないようにしながら、その原因を除去する配慮のある指導が大切だと思われます。話す力は話すことによって伸びていきます。未熟な発音であっても、たくましく話す子どもにしていかねばなりません。

ことばにおくれのある子どもの場合、生まれたときからの成長のようすを知ることが必要で、そのなかで原因がわかり対処できる場合があります。それから、その子どもにどんな発音上の問題があるかを調べなければなりません。

ふねやひこうき、りんごやみかん、きりんやさるなど、いろいろな絵を見せて「これなあに」と聞きます。「ふね」を「うね」という場合「ふ↓う」と書きとっていき、できれば一〇一の音について調べたいと思います。これは、自発音による方法です。もう一つ、教師が「みかん」と言って「みかん」と言わせていく方法もあります。これは再生法と言ったり反復法と言ったりしている方法です。こうして「か」が「た」になり「し」が「ち」になっている状態がみんなわかると、いよいよ指導をはじめます。この指導も多様ですが、ここでは一例をあげるだけにしたいと思います。

まず、「か」と「た」を正しく聞きわける力をもたねばなりません。たとえば、一枚の紙にカスタネットの絵と田んぼの絵をかき「先生が『か』と言ったらカスタネットをおさえてね。『た』と言ったら田をおさえてね」と言って、手でおさえる遊びをしながら「か」という音を聞きとる力を伸ばしていきます。つづけて「先生が『か』と言ったらカスタネットをたたいてね」と言って「た・あ・ま・は・や・か・た・か・さ・ら・か・た」

などと無意味音節のなかに「か」をときどき入れて、カスタネットをたたかせます。集団でやってもいいのです。注意力を育てるよい遊びです。

子どもが知っていることばで、つぎのような表を作ります。ここには「か」が単語のはじめにあるもの、なかにあるもの、末尾にあるものの三種類があります。これらの単語はもっと多いほうがいいのです。これを再生法で言わせます。ときにはこれらの単語の絵を見せて自発音の方法で言わせます。無意味音節で「か」と言ったときカスタネットをたたくことができるようになっている子どもは音韻が形成されて、ここにあげた単語のいくつかは正しく発音することができるようになります。語頭の「か」がよく言えたり、語中の「か」がよく言えたり、語尾の「か」の単語がよく言えたり、ア段の音節から「か」が連なっている単語だけがよく言えたりします。まだみんな言えない場合は、前にやった「か」の音の遊びを続けます。

〔表1〕

かさ
かき
かめ
かい
かみ
かぎ
かた
かに
かわ
かえる
からす
おかし
みかん
きかい
ちから
ちかい
たかい
あかい
やかん
にかい
ひかる
しか
なか
おか
ろうか
いるか
とさか
………
………

〔表2〕

○あかい
○やかん
○かい
○かさ
△かめ
△かき
△かみ
△かぎ
△かた
×かに
×かわ
×かえる
×からす
×おかし
×みかん
×きかい
×ちから
×にかい
×たかい
×ひかる
×しか
×なか
…………
…………

「か」が「た」になる子どもは奥舌を使わねばならないのに舌端を使っています。スプーンなどで舌端をおさえて「か」と言わせることもやっていいのです。そうして出したきれいな「か」を意識させることも大切です。

表1にあげた単語がいくつか正しく発音できるようになったら、きれいに言える単語に○印をつけ、不十分なものに△、まったく音が変化してしまうものに×をつけます。そして○△×の順に単語を並べかえます。この表2を再生法で言わせ、自発音で言わせ、△を○に、×を△にしていくように努力させます。

この表は、学習の到達度を示しているものであり、また、易から難への到達目標が、順序よく用意されているのです。

「ぎ」が「に」になる子どもや、「き」が「ち」になる子どもなど、⑤の発語器官の発達のおくれの単純な構音障害のある子どもは、きびしく叱ったり注意したりしないで、この方法を根気よく、のん気に、楽しくつづけていけば、たいてい三か月くらいで正しく言えるようになります。

「からすの　あかちゃん　なぜなくの」という歌を、「たらすの　あたちゃん　なぜなくの」と歌って笑われた子どもも、すっかりうまく歌えるようになって、みんなに拍手してもらうと、発音がよくなっただけでなく、きらいだった音楽も好きになり、上手になっていくのではないでしょうか。そして、その子の生活全体が明るくなり、生き生きとした子どもに変わっていくのではないでしょうか。これは実践の一つの方法ですが、広くいろいろな音節の指導に活用して、親のねがいにもこたえていく教師の技術としてもらいたいと思います。なお、うがいが上手にできない子どもがいますが、最初は手も足も全身にしっかり力を入れさせ、うがいをさせるようにして、しだいに咽喉だけに部分的に力を入れてうがいができるようにしていきます。

授業5　発音・話しことばの指導

構音障害にはいくつかのタイプがあります。「授業4」であげた典型的な構音障害は「カキクケコ」が「タチツテト」になるような場合のほか、「ろ」が「の」や「ど」になったり、「ご」が「よ」になったり、「ぐ」が「う」になったりして音節の変化は一定しているものではなく、個々の子どもによってそれぞれにちがう変化をします。しかし、このような構音障害は「音節の変化」としてまとめて考えることができます。指導は前述のようにします。

つぎに「語中の音節の欠落」する子どもがいます。「ひらばやしせんせい」を「ひばせんせい」と言ったり、「ひばしせんせい」と言ったりする子どもです。長い単語がうまく言えない子どもは、その単語を、二音節ずつ分けて言わせたり、三音節ずつにして言わせたり、四音節をつづけて言うことができるように言わせたりしながら「ひらばやしせんせい」という九文字の単語がうまく言えるようにしていきます。

この指導は「音節のわたり指導」ともいいます。音節がすらりと単語全体にわたることができるようにする指導です。これは「つ・く・え」と一音節ずつ、はっきり言わせて、「はやく！」と言って「つくえ」とはやく言わせる指導です。「り・ん・ご」→「りんご」、「ぺ・ン・ギ・ン」→「ペンギン」というように、手をたたいてゆっくり、そして「はやく」と言っていっしょに発音する指導をすると効果的です。

つぎに促音の単語を、ひらがなが読める子どもも「きつて」「きつぷ」と言う子どもがいます。または「きて」

「きぷ」と言う子どももいます。この促音の構音指導は、語頭の「き」に力を入れて発音させ、それからすぐに「て」や「ぷ」をはやく言わせるようにします。すると、促音がうまく言えるようになります。

つぎに音節の入れかわる子どももいます。「ポケット」を「ケポト」、「るすばん」を「するばん」、「いけぶくろ」を「ぶくろて」などと言う子どももです。こんな子どもの発音はやがてしだいに治っていくものなので、まず、みんなで笑い者にしないようにする気くばりが大切です。正しい単語をたくさん耳に入れていくようにすることがいちばんよい方法です。このような子どもにはとくに、発音とひらがなの読みの同習指導が効果的です。

構音障害がひどく、また欠落音が多いと、何を言っているのかよくわからないことがたびたびあります。こんな場合、何度も聞きかえすと子どもたちは教師に話すのがいやになったりします。このことは障害児の話しことばの指導でとくに気をつけなくてはならないことです。

この場合、わたしたちが一人ひとりの子どもの生活についてよく知っておくことが、この意味不明の話しことばを正しく理解するのにきわめて大切なことになります。だから、家庭訪問も、日々の家庭との連絡も大切です。前日の子どもの生活をよく知っておくことが、朝の話し合いと話しことばの指導には欠かせないことです。

授業としては「きのうのことをお話ししよう」という内容になります。一人ひとりに話させます。わからないところは質問しながらはっきりさせ、あらためてはっきりと話させるようにします。上手に話したらみんなでほめます。この場合も家庭の連絡帳をもとに、子どもたちのきのうの生活をよく知っておくと効果的な授業ができます。子どもが話したことを黒板に書いて、それを読むのは話すことと読むことの同習をつづけているとうまくできるようになります。六人の子どもに、一センテンスか、二センテンスの話をさせ、それを黒板に書いて読むという授業になるのですが、読めない子どももいるので読むことには、この段階ではあまり比重をおかないようにします。

授業6　話す力を伸ばす

ものの名まえ（名詞）や動詞などを場に応じて言えるようになった子どもは、もう一語文、二語文で話す力を身につけています。この力を十分に伸ばして話す力をいっそう向上させたいものです。これは、学校から帰ってから子どもが家で何をしたかを、お母さんに連絡帳に書いてもらい、それを読みながら話し合う授業例です。

T　よしえちゃん、きのう、お母さんとどこに行ったの。
C　うん。
T　よしえちゃん、きのうどこに行ったの。
C　トイレ、ポターンっていったよ。
T　そう、いっぱい出たの。
C　うん。ポターンって。
T　きのう、お母さんの自転車にのってどこか行ったでしょう。
C　うん。トイレ。
T　もう、トイレはいいの。蒲田《かまた》に行ったでしょう。何買ってもらったの。

C　よしえちゃんね、歯いたいの。あめ食べるから。
T　きのう、お母さんにスカート買ってもらったでしょう。
C　うん、これね。（スカートを見せる）
T　スカート買ってからどうしたの。
C　かわいい、いったよ。
T　いいね。このスカート、先生にちょうだいよ。
C　うん。（脱ごうとする）
T　脱いだらパンツ見えるよ。おかしいよ。
C　トイレ、ジャジャー。
T　おしっこするの。
C　おしっこ。
T　じゃ、行ってきなさい。（介添員といっしょに行く）

このよしえちゃんとの対話の間、ほかの五人は粘土でおだんごを作っています。わたしはつぎの子どもと話し合います。

T　きいちゃん。きのう学校から帰ってからどうしたの。
C　ボール。

T　ボールをどうしたの。
C　うったのよう。こうして。（バットで打つまねをする）
T　それから、お母さんとどこか行ったかな。
C　だめ。
T　「だめ」って、なあに。何がだめなの。
C　だめよ。
T　どうして、だめなの。
C　お母さんがね、行ったの。
T　どこへ行ったの。
C　かもの。
T　「かいもの」でしょう。ちゃんと言いなさい。かいもの……。
C　かもの行ってね。……。
T　きいちゃん、そのとき、どうしたの。
C　……。
T　お母さんが買い物に行ったので、ぼくは……。
C　するばん。
T　するばんじゃない。るすばんよ。お母さんが買い物に行ったので、ぼくはるすばんしました、と言ってごらん。

C　いいの。

T　いいのじゃない。ちゃんと先生が言うとおり言ってごらん。お母さんが……。

C　お母さんが……。

T　買い物に行ったので、

T　……。

こんな調子で、毎朝一人ひとりの子どもと対話をします。そして、二語文で答えられるようにしていきます。また、子どもたちが、わたしに自発的に話しかけてくるようにして、一人で話すようにすすめていきます。たとえば、朝、登校したあと、子どもたちはわたしにいろいろ話しかけてきます。わたしは「うーん。そう」というようなあいづちを打って、子どもたちにたくさん話させるようにします。

C　先生、おはよう。

T　おはよう。

C　女の子、こらって、おこってよ。

T　うーん。

C　江口先生、女の子だめよ。

T　そう。

C　そう、じゃない。だめね江口先生。

T　うーん。
C　うーん、だめ。女の子、だめよ。
T　そう。
C　そうよ、女の子、だめね。もうぼくおこった。こらって。
T　うーん。
C　うーん、だめ。
T　じゃ、もっとちゃんとお話ししなさい。
C　あのね、あのね、女の子、こらって、江口先生おこるの。
T　女の子がどうしたの。
C　とおせんぼ。こうやって。（手を広げて、女の子からとおせんぼされたと訴える）
T　どこで？
C　あそこよ。
T　あそこじゃ、わかんない。

――というように一人ひとりとこんな話し合いをします。「うーん。うーん」と言って、あまり相手にならないと、話す意欲をなくすので、ころあいを見ながら対話をして、まとまった内容を一人でちゃんと話すことができるようにします。

このためには、一人ひとりの生活の話をわたしがきちんと話して聞かせて、そのとおりに話すことができるように練習させることが大切です。この話す力を伸ばす指導には、毎朝一時間目をあてるようにしています。子どもたちと話しながら、わたしは黒板にこう書いています。

きのう　おかあさんと
かまたに　いきました。
スカート　かいました。（よしえ）

きのう　おかあさんが
かいものに　いきました。
ぼくは　るすばん　しました。（きいちろう）

おんなの　こが　とおせんぼ　しました。
えぐちせんせい　おこってください。（こういち）

せんせい　あのね。
かまめし　たべたの。
おいしい。（ひろこ）

えきで　ころんだの。
ここ　いたいの。（まこと）

授業の終わりには、この黒板の文をみんなで読みます。もちろん、読めない子がいます。でも、声を出していっしょに読んで授業を終わります。

授業7　表現する意欲を伸ばし、自発的に発言するようにする

子どもたちが好きなものを、わたしは教室に持っていきます。それは、電池で動く車や、ミニカーや、あるいは、うさぎなどであってもいいのです。

これらを子どもたちに見せると、寄ってきて手を出します。黙っていると、「いいね。ちょらい（ちょうだい）。これこれ。わたし。せんせ。やろう。ブーブー。ピーポピーポ。ぼくやる」などと言います。

これらを子どもに与えると、ひとり言を言いながら遊び、また、友だちとかかわり合って話すこともあります。好きなミニカーを「ぼく、ぼく」と言ってうばい合う子どももいるし、なかよく「やろう。やろう」と話す子どももいます。「やっちゃん、やっちゃん」と自分の名まえを言って、自分のものだと主張する子どももいます。

このようななかで、わたしは、「ほら、みきちゃん、やるよ」と言って車を走らせ、「先生にちょうだい」と言って受けとり、「やっちゃん、やるよ」と言って、やっちゃんのそばに走らせたりします。

子どもたちの興味に合わせてつづけて遊んでもいいのですが、「もう、おわり」と言ってやめてもいいのです。

こんなとき、まだつづけたい子どもは、「先生、だめよ」と口をとがらせて言います。

うさぎを教室に放すと、「うさぎ、うさぎ」と言って追いかけて行く子ども、こわがって「先生、だめよ。だめよ」と言ってだきついてくる子どももいます。つかまえてかごに入れると、「耳ね」「ほら、目」などと言ってさわります。

わたしが「はい」と言ってキャベツをやる子どももいれば、「おいしい?」と聞く子どももいます。

わたしが「かわいいなあ」とか、「うさぎ、大好き」とか、「うさぎさん」などと話しかけていると、まねして同じように話しかける子どももいます。

わたしは、ときどきりんごを教室に持っていって、たくさん話し合ったあと、むいていっしょに食べたりします。

こんなとき「けんちゃん、りんご食べる?」と聞くと、「うん」と言うから、「どうぞ」と言ってやると、「ばかね、これ」と言って、皮をむく動作をして、むいてくれと要求したりします。わたしが、わからないふりをしていると、「先生、皮」とほかの子どもが言ったりします。けんちゃんは「そうよ」と同調します。

包丁を持ってくると「やったあ」と手をたたいたりします。そこで、半分に切って、六人いるのに二人だけにやったりすると、「ぼくは?」と言って要求する子どももいます。「ずるい」と言う子どももいます。

二人はまだ皮をむいていないので、食べないでいます。「どうする?」と聞くと、「むいて、みんな」などと言う子どももいます。「こうやって?」と聞きながら皮をむいて四つにすると、二人分足りません。皿に入れて、それぞれの子どもの前におくと、二人だけないのでどうしたらいいのか困ってしまいます。りんごが大好きな子どもの前におかないでいると、そっととなりのりんごを自分の方に引き寄せています。四分の一のりんごを二つ、また半分にして「これでいい?」と聞くと、みんな「うん」と言います。なかには「けんちゃん、大きいよ」などと不平を言う子どももいます。わたしは大きいのと小さいのとをかえてやります。すると、みんな満足したりします。そして、いっしょに食べます。

「せんせい、おいしい。けんちゃん、おいしいね」などと言う子どもがいます。

ことばは人間の情から発し、ことばは情を発します。「おいしいね」「うん。おいしいね」と言いながら、みんなでりんごをおいしく食べます。

授業8　ことばあつめ(A)

「みんな、どんな果物が好きですか」

と聞いて、好きな果物を発表させ、それを黒板に書いていきます。

くだもの
すいか
もも
ぶどう
りんご

つぎに「動物をあつめよう」と言って発表させ、書いていきます。

どうぶつ

　さる

　ぞう

　きりん

　いぬ

つぎに「やさいをやろう」と言って発表させます。

やさい

　なす

　だいこん

　ねぎ

　じゃがいも

つぎは「さかなをやろう」と言って発表させます。

さかな

　きんぎょ

　めだか

　たこ

　かに

つぎは「おかしをやろう」と言って発表させます。

おかし
だんご
ようかん
おせんべい
わたあめ

こうして、黒板に書いてから一つひとつを読みます。子どもたちが答えるのはまちがっているのがたくさんあります。自由に発表させてまちがっているのもそのまま書いて、あとで意見を言わせる授業にしてもいいし、あらかじめ用意しているプリントで文字をなぞらせる授業にするのもいいようです。この場合は「もも、さる、なす、かに」などのやさしいものがいいし、そばに自由に絵をかかせて授業をおわりにしてもいいのです。

授業9　ことばあつめ(B)

「きょうは、『あ』のつくことばを、たくさんあつめる勉強をします。」

と言って、『あ』のつくことばを発表させます。子どもたちは「あり、あさ、あめ、あか、あお、あいす、あそぶ、あき、あひる、あさがお」などと、たくさん発表します。発表しない子どもには頭や足に手をやって気づかせるようにします。単語は黒板に書いていきます。

つぎに「『い』のつくことば」「『う』のつくことば」……というようにつづけていきます。

書いた単語は、あとでみんなで読み、また用意したプリントの文字をなぞらせる学習に展開してもいいのです。こういう授業は平板な、盛り上がりのないものになりがちで、やがて子どもたちはあきて興味をなくしたりするので、連日つづけることはさけるようにします。もっと短冊などに文字や絵を書かせて広い模造紙にはらせるなどの動作化をとり入れて楽しく展開するのもよい方法です。一人ひとりの子どもが短冊に書いているとき、ヒントを与えて、そばでよく指導できるからです。

子どものなかには、丸を一つ書いて「ありんこ」と言ってさし出し、また同じような丸を書いて「ありんこ」と言って出すものもいます。こんな場合「うん。また書いたの。えらい」と言っていくつか書かせて、「こんどは、この足をかいて」と言って長めの絵を書かせたりします。また、ひらがながなぞれる子どもには「あたま」と言わせて「あたま」と書いてやってなぞらせます。自分で単語が書ける子どもには一人で書かせます。「あさがお」を「あさご」と書いたら「あさがお」と発音させ「あさがお」と書かせます。

それぞれ、「あ・い・う・え・お・か・き・く……」と三つずつくらい発表したり、書いたりするようにします。「ん」のはいったことばまですすむには、かなりの時間を必要とします。しかし、この学習は「読み書き同習」としてすすめるよい授業内容です。

〈ことばあつめ単語例〉

あ（あお・あき・あし・あめ・あり）

い（いか・いし・いす・いと・いちご）

う（うし・うみ・うさぎ・うどん・うんこ）

え（えき・えび・えのぐ・えんぴつ・えんそく）
お（おに・おかし・おかね・おとこ・おんがく）
か（かお・かき・かさ・かた・かみ）
き（きく・きみ・きいろ・きつね・きりん）
く（くま・くも・くり・くろ・くすり）
け（けが・けいと・けむし・けむり・けんか）
こ（こい・こま・こめ・ことば・こども）
さ（さる・さいふ・さかな・さくら・さんかく）
し（しか・した・しぬ・しろ・しかく）
す（すぎ・すず・すな・すいか・すずめ）
せ（せみ・せなか・せびろ・せんろ・せんたく）
そ（そこ・そと・そら・そらまめ・そろばん）
た（たい・たこ・たけ・たいこ・たまご）
ち（ち・ちり・ちから・ちりがみ・ちりとり）
つ（つき・つの・つめ・つり・つくえ）
て（てん・てんき・てんぐ・てぬぐい・てぶくろ）
と（とら・とり・とだな・とんぼ・とびばこ）
な（なく・なし・なす・なつ・なみ）

に（にじ・にわとり・にんじん・にんげん・にんじゅつ）

ぬ（ぬか・ぬる・ぬりえ・ぬれる・ぬすびと）

ね（ねこ・ねずみ・ねんど・ねえさん・ねこやなぎ）

の（のど・のり・のぼる・のりまき・のこぎり）

は（はし・はと・はり・はる・はがき・はさみ）

ひ（ひざ・ひも・ひる・ひがし・ひだり）

ふ（ふく・ふね・ふゆ・ふろ・ふうせん）

へ（へい・へそ・へび・へちま・へんしん）

ほ（ほし・ほね・ほん・ほたる・ほんだな）

ま（まど・まり・まる・まくら・まんじゅう）

み（みそ・みち・みみ・みず・みかん）

む（むし・むね・むら・むしかご・むらさき）

め（め・めし・めん・めだか・めぐすり）

も（もち・もも・もり・ものさし・ものがたり）

や（やぎ・やま・やさい・やすみ・やつで）

ゆ（ゆか・ゆき・ゆみ・ゆび・ゆり）

よ（よこ・よる・ようし・よにん・ようかん）

ら（らくだ・らじお・らっこ・らいおん・らんどせる）

り（りか・りす・りぼん《リボン》・りんご・りっしゅん）
る（るす・るり・るーぺ《ルーペ》・るーむ《ルームクーラー》・るすばん）
れ（れつ・れっしゃ・れんこん・れんぎょう・れんらくちょう）
ろ（ろく・ろうか・ろうや・ろうじん・ろうそく）
わ（わし・わた・わに・わなげ・わたし）
を（えをかく・ほんをよむ・うたをうたう）
ん（かんづめ・せんせい・にんげん）

授業10　応答する力を伸ばす

お店屋さんごっこをします。

六人の子どもに、どんなお店を出すかきめさせます。やおや、くだものや、ほんや、さかなや、おかしや、ということにして、品物を絵にかかせてもいいし、発泡スチロールで作らせてもいいのです。お店の名まえを書かせます。品物の名まえも書かせます。店がきまったら自分の服装もそれぞれ工夫させてもいいいし、遊びを盛り上げていきます。

数時間かけて用意がととのったら、いよいよお店屋さんごっこをはじめます。「いらっしゃい。いらっしゃい。やすいよ。おいしいよ」などという言葉も考えさせたり、教えたりして言うようにします。

そして「ごめんください。バナナをください」というように言わせて買い物ごっこをはじめます。みんながお店を留守にして買いに行くことはできないので順番にやらせます。「何にしましょうか」「これをください」「まいど、ありがとうございます」など、いくつかの用語を教えておいて、うまく応答ができるようにします。

みんながお店屋さんではない状態にすると、買ってくる物をたのんで、お使いをさせるということにも応用できます。

模造のお金をもたせやって、はらってくるようにするとやや高度になりますが、できるだけやらせるようにします。

このような授業では「応答」ならば「応答」という一つの教材内容をよく身につけるような目標を国語科としてしっかり立てておくことが大切です。だれかに買い物をさせて、それをみんなで見て、よくできたらみんなでほめたいものです。

こういう勉強をしていることは家庭にも知らせて、お母さんといっしょに買い物に行くような経験をたくさんするようにすすめたいと思います。やがて一人でお使いをすることができる日をめざしたいものです。

授業11　手あそび歌

一　あとから　じゃんけん

せっせっせーの　よいよいよい

かぼちゃの　たねから
ほっけさんが　ほっけ　ほっけ
ほっけさんの　あとから
きゅうりやさんが　きゅうり　きゅうり
きゅうりやさんの　あとから
きんぎょやさんが　きんぎょ　きんぎょ
きんぎょやさんの　あとから
はなよめさんが　ちらり　ちらり
はなよめさんの　あとから
どろぼうさんが　そろり　そろり
どろぼうさんの　あとから
おまわりさんが　バキューン　バキューン
おまわりさんの　あとから
おばけ　でで　じゃんけんぽん

二　おちゃらか

せっせっせーの　よいよいよい
おちゃらか　おちゃらか　おちゃらか　ほい

おちゃらか　かったよ　おちゃらか　ほい
〈おちゃらか　まけたよ
おちゃらか　ほい〉（負けたとき）
〈おちゃらか　どうじで
おちゃらか　ほい〉（あいこのとき）

三　ぐう　ちょき　ぱー

ぐう　ぐう　ちょき　ちょき　ぱーぱーぱー
ぐう　ぐう　ちょき　ちょき　ぱーぱーぱー
ぐう　ぐう　ちょき　ちょき　ぱーぱーぱー
ぐう　ちょき　ぱー　ちょき　できました　へい

四　手あそび　ぐう　ちょき

ぐう　ちょき　ぱーで　ぐう　ちょき　ぱーで
なに　つくろう
みぎてが　ぐうで　ひだりてが　ちょきで
かたつむりー　かたつむりー
〈みぎ手が　ぱーで　ひだりてが　ぐうで

めだまやきー　めだまやきー〉（いろいろ作る）

五　かぞえうた

一本でも　にんじん　二足でも　サンダル　三そうでも　ヨット　四つぶでも　ごましお　五台でも
ロケット　六匹でも　七面鳥　七匹でも　はち　八頭でも　くじら　九杯でも　ジュース　十こでも
いちご

六　おべんとうのうた

おべんとうばこに　おにぎり　おにぎり　ちょいと　つめて　きざみしょうがに　ごましお　ぱっぱ　にんじん
さん　さんしょさん　しいたけさん　ごぼうさん　あなのあいた　れんこんさん　すじの　とおった　ふーき

七　おてらの　おしょうさん

せっせっせーの　よいよいよい
おてらの　おしょうさんが
かぼちゃの　たねを　まきました
めがでで　ふくらんで
はなが　さいたら　じゃんけんぽん

このような手あそび歌は全国各地にいろいろなものがあります。子どもたちは歌いながら動作を入れて楽しくつづけていきます。

大きな声で唱えながらやっているうちに、発音もうまくなり、手や体の動作もよく動くようになっていきます。普通学級の子どもたちともいっしょにやれるようにしたいものです。

授業12　劇遊び

ほんとうの劇をするまでには、いくつかの段階が必要です。劇というのは単に声に出して本を読むのではなく、自分がおおかみや、ぶたなどの役ができなくてはならないし、そしてひとり言で言ったり、その役らしくセリフを言ったり、行動しつつ言ったり、音楽に合わせておどったり歌ったりすることもできなくてはなりません。いわば、劇というのは総合芸術的なものです。だから、かなりむずかしいのですが、発達の大きな飛躍として指導する価値があります。

しかし、これにはやはり系統的な指導が必要です。ある一つの劇をする場合、その前にどんな指導をして劇に結びつけ、実際にやった劇からつぎにどんな劇へ発展させるか、この系統性をとらえておかねば教育的ではないと思われます。

第一段階では、劇をするのでなく劇のための遊びふうなことをすることです。いろいろな動作、しぐさをするようなことです。ジェスチャーやパントマイムふうなものです。

まず、身体を動かすことです。手を上にあげて、横に下ろし、大きな呼吸をします。フーッと音を出して息を出します。つぎに首を動かします。上下に、横に動かし、回転させたり、あごを前につき出させたりします。このときは目を大きく開かせます。

つぎに、ゆっくり、のんびり歩かせます。それから急ぎ足で歩かせたり、うつむいて心配そうに歩かせたりさせます。さらに、何も持ってはいないけど、重い物を持っている気持ちで歩かせ、とても重いものを手にさげている気持ちで歩かせたりします。

つぎに「わあっ、はっ、はっ、はっ、はっ」と大声で笑う練習です。教師が大声で笑ってみせます。子どもたちにも「わあっ、はっ、はっ……」とできるだけ大声を出させます。つぎは、泣くまねです。みんなで泣いたあと、一人ひとりに泣くまねをさせ「うまい、うまい」とほめます。

つぎは、数歩向こうから歩いてきて「やあ、こんにちは」と手をあげさせます。「さようなら……」と言わせて手をふってバイバイさせて歩かせたり、先生のところに来させて、いちょうの葉などをもたせ「先生、秋あげる」とはっぱをさし出させたり、いろんなものの名（のり、画用紙など）を言って「〇〇ください」と言わせ、与えた後で「ありがとうございました」と言わせるようなことをいくつもやらせるようにします。

こういうことができるようになったら、こんどは床にひもをおいて、歩かせながら「あっ、へびだ！」とこわいときの声を出させたり、アイスクリームを食べるまねをしながら「ああ、おいしい」と言わせたりします。また、野球のピッチャーの動作や、おすもうさんの動作などをパントマイムふうにやらせます。見ている子どもには何であるかを当てさせます。ぞうのまね、うさぎのまね、先生のまね、友だちのまねなど、たくさんやらせるようにします。

このようなことが、劇への前段的指導です。楽しく、たくさんやらせるようにします。一寸法師の本を読んだあと、「おひめさまー、ここにいますよー」としゃがんで上を向いて言えるようになり、相手（おひめさま）は「えっ、どこにいるの」と下を向いてさがすような目つきで言えるようになれば、この劇の前段の指導は終わりにします。

ペープサートを使ってやらせるのもある教材ではいいのですが、できるだけ体全部を使ってやらせるほうが、ペープサートを使用させることよりもはるかに教育的です。ペープサートではなく「おれは、おおかみだぞー、はらがぺこぺこだー」と手でおなかをおさえさせて、体をおおかみのように動かし、こわい顔をして動作とともに言わせる指導がはるかに教育的です。

授業13　劇をしよう

劇をするには台本が必要です。しかし、二〇分もかかるようなもの、一人が数センテンスつづけて言うようなセリフのあるもの、一人が二〇以上のセリフを言うようになっている台本などではとても指導できません。そこで、たいてい教師が学級の子どもたちの一人ひとりの役に合わせて、台本を書きかえなければなりません。つぎのようなものであれば、前段（授業12）の指導をした子どもに与えてよいのではないかと思います。

おおかみと七ひきの子やぎ

登場人数一一人（おおかみ、お母さん、こな屋、子やぎ七ひき、ナレーター）。舞台の上手にやぎの家がある。

〈ナレーター〉

むかし、山の中におおかみがいました。

おおかみが出てくる。

〈おおかみ〉

ウォー、ウォー、おれは、はらがぺこぺこだー。（遠くを見る）

あっ、子やぎがくるぞ。（木のかげにかくれる）

やぎのお母さんと七ひきの子やぎが出てくる。

〈やぎのお母さん〉

子どもたち、お母さんはお使いに行ってくるから、るすばんしててね。（と言って舞台から去る）

〈子やぎ1〉

はーい。

〈子やぎ2〉

はやく帰ってきてね。

〈子やぎ3〉

おみやげ買ってきてね。

〈子やぎ4〉

いってらっしゃい。

〈子やぎ5〉

バイバイ。

〈子やぎ6〉

バイバイ。

〈子やぎ7〉

バイバイ。（子やぎたちはみんな家に入る）

〈おおかみ〉

ようし。子やぎたちをくってやろう。（トントンと言って戸をたたき「お母さんだよ」と言う）

〈子やぎたち〉（いっしょに大声で言う）

足がまっくろだあ。お母さんじゃないよ。きっとおおかみだよ。戸をあけちゃだめね。おおかみかえれっ。

〈おおかみ〉

ばれたか。（下手に来て「おい、こな屋、おれの足を白くしてくれ」と言う）

〈こな屋〉

はい、はい。足を出してください。（白いくつしたをはかせる）

〈おおかみ〉

よし。これでよい。（上手に行き、トントンと言って戸をたたき「お母さんだよ」と言う）

〈子やぎたち〉

わあい、お母さんだあ。（と言って戸を開ける）
おおかみがウォーと言って入っていく。
〈子やぎたち〉
おおかみだあ。こわいよう。お母さーん、たすけてえ。おおかみ出ていけえ。いたいよう。（ガタガタ音がする）
〈おおかみ〉（家から出てくる）
ああ、子やぎを六ぴき食べた。おなか、いっぱいだあ。ああ、ねむくなった。（草の近くで横になっていびきをかく）
お母さんがくる。
〈お母さん〉
あら、おおかみだわ。
〈子やぎ〉
お母さん、このおおかみ、おにいさんやおねえさんたちを、みんな食べちゃったの。（えーん、えーん、と泣く）
〈お母さん〉
よしよし。まだ、子やぎたちは、このおなかの中で生きているから、はさみで切りましょう。（家の中から大きなはさみをもってきておおかみのおなかを「よいしょ。よいしょ」と子やぎといっしょに切る。子やぎたちは、おおかみのおなかから出てくる）

〈子やぎたち〉

あっ、お母さんだー。（この場面は草などを立てて子やぎをかくしておく）

〈お母さん〉

さあ、こんどは石を持っておいで。（子やぎたちが持ってくる。草のかげで石を入れる）

よし、これでいいよ。さあ、うちに入りましょう。

〈おおかみ〉

ああ、のどがかわいた。水がのみたいなあ。ああ、川がある。（おおかみ下手に去る）

お母さんと子やぎたちが出てくる。

〈お母さん〉

あっ、子やぎたち、見てごらん。おおかみが川にしずんじゃったよ。

〈子やぎたち〉

たいへんだあ。助けなきゃ。（みんなで下手に行って、おおかみを連れてくる）

〈おおかみ〉

助けてもらって、ありがとう。ぼく、もう悪いこと、しません。ごめんなさい。

〈子やぎ〉

じゃ、ゆるしてあげる。おおかみさん、「おどるポンポコリン」歌おうか。ねえ。

〈おおかみ〉

うん、歌おう。（いっしょに歌う）

なんでもかんでもみんな
おどりをおどっているよ
おなべのなかからボワッと
インチキおじさん登場
いつだってわすれない
エジソンはえらい人
そんなの常識
タッタタラリラ
ピーヒャラピーヒャラ
パッパパラパー
ピーヒャラピーヒャラ
おどるポンポコリン
ピーヒャラピーヒャラ
おへそがちらり
タッタタラリラ
ピーヒャラピーヒャラパッパパラパー
ピーヒャラピーヒャラ
おどるポンポコリン

ピーヒャラピーヒャラ
おなかがへったよ
（おおかみが、おなかをおさえている）――幕――

このような劇を一つこなすと、つぎは「大きなかぶ」にすすみ、また「三匹の子ぶた」などのやや長い劇にとりくむことができるようになります。

3　読む力を伸ばす授業

授業1　ひらがなの同じ文字をあつめる

学級の子どもの名まえの頭文字をカードに三枚ずつ書いて、六人の子どもの場合、このカードを一六枚用意します。そして床におきます。

くるま座に、まるく座って自分の名まえの頭文字を一枚それぞれ自分の前において、あと二枚をさがして三枚あつめる授業をします。

これができるようになったら、六人の子どもの名まえのいろいろな文字を三枚ずつ書いてやって同じような授業をします。

この過程で、カードをさがしながら市川さんには「いいいい」と言わせます。鈴木君には「すすすす」と言わせてとらせます。

名まえのひらがなのカードあつめがよくできるようになったら、自分の名まえの順にカードをたてに並べさせます。このときは各自の机の右に自分の名まえが書いてあるので、マッチングさせるのです。

このような学習のあとで、各自に自分の名まえを書いたプリントの文字をなぞらせたり視写させたりします。

同じひらがなをあつめる学習は、他のいろいろな文字でも作業的にやらせて、文字の視覚的弁別力を養います。同時に、その文字をあつめるときは、その文字を発音させ、読みになれさせるようにします。

授業2　カルタとり

一字一字のひらがなの読み方を身につけるには、カルタとりはいい遊びです。かたかなも数字も漢字もローマ字もカルタでかなり習得させることができます。

初期のころは、五つくらいの文字を二枚ずつ一〇枚くらいでやってもいいし、だんだん、一〇個のひらがなから二〇個のひらがなのカルタとりへとすすめていきます。

ことばの内容は、子どもたちと話し合ってきめます。学級になじみのある文句にします。

あ――あまい　あまい　あめ

い――いとうくんは　いいこだなあ
う――うさぎの　すきな　たえこさん
え――えぐちせんせい　えがお　にこにこ
お――おおさわさんの　おおきな　おめめ………

こうして知らない文字を習得させていくのもいいけれど、少し無理なようであれば、子どもたちが知っている文字を組み合わせて、二文字の単語をカードにしてカルタとりをしながら、少しずつ新しいひらがなを習得させていくようにするのもよいすすめ方です。そして、やはり一字一字のひらがなカードでカルタとりができるようにしたいと思います。

ひらがなは音節文字です。「て」(手)、「ひ」(火や日)、「き」(木)、「め」(目) などは、表意文字としてのひらがなとみてもいいのですが、「ひ」が「火」や「日」のほかにも比や灯、妃、否、非、飛、碑などたくさんの意味をもっていて、他のひらがなも一つの意味を表すものではないので表音文字として習得させなければなりません。だから初めのうちは文字にさし絵があっていいのですが、しだいに文字だけのカルタにしていくのがよい指導です。

やはり、いくつかの文字でカルタとりをしたら、その文字をプリントにして、なぞらせたり、視写させたりすることを同習としてすすめたいと思います。

濁音や半濁音も清音と同じ方法で習得させます。ひらがながかなり読めるようになったら、単語を読ませます。『こくご1』の1ページから6ページまでで、ひらがなだけの文字で具体物がイメージできるようにします。文字を「あり」と読んで「ありんこ」と言い、「いぬ」と読んで「ワンワン」と言い、「うし」と読んで「モー」と言うようなことができることでイメージができていることを理解することができます。

授業3　単語の読み

単語は清音・濁音・半濁音などの一語の単語から数語の単語まであります。だから、やはり、身近な単語で短いものから、やや長い単語へと順次的に指導していくことがいいし、また、文を読ませるなかで指導していくことが大切です。難易の順はつぎのようなことではないでしょうか。もちろん、各自で生活的にはかなりちがうものです。

①め、き、て、は、え（一文字清音）
②あし、いし、いぬ、かさ、こい、はと、ふく、へそ、ほん、むね、やま（二文字清音）
③くび、にじ、ひざ、みず、やぎ、ゆび（二文字濁音）
④あたま、おかね、おとこ、おんな、かえる、けいと、すいか、たいこ、つくえ（三文字清音）
⑤うさぎ、おどる、かがみ、からだ、でんわ、めだか、らくだ（三文字濁音）
⑥えんそく、くつした、たいいく、ものさし（四文字清音）
⑦あさがお、えんぴつ、ざぶとん、たんぽぽ、たまねぎ、てぶくろ、どんぐり（四文字濁音・半濁音）
⑧おかあさん、おばあさん、にいさん、おじいさん、ふうせん、ゆうえんち、せんせい、せいくらべ、おとうさん、こうえん（長音）

⑨きって、きっぷ、はっぱ、ねっこ（促音）
⑩ちゃわん、しゃしん、べんじょ、きんぎょ（拗音）
⑪きゅうしょく、こうちょうせんせい、びょういん、ぎゅうにゅう、ひょっとこ（拗長音、拗促音）

これらの単語のほかに、もっとたくさん用意しておきたいものです。

これらの単語はカードで読む練習もさせたいし、プリントにしてなぞらせたり視写させたりしたいものです。この授業は①から⑪まであげた順序で、それぞれ指導するようにしていくのですが、方法としては、音節ではっきりと読み、それから「はやく」と言って音節のわたり指導をします。わたり指導というのは前にのべたように、特別な指導ではありません。長い数音節からなる単語などがすらりと読めるようにすることで、うまく読めない子どもには、ゆっくり読ませて、しだいに普通のはやさで読めるようにする指導のことです。

授業4　単語の意味の指導

単語にはいろいろなものがあります。それは、およそつぎのような観点で指導すれば効果的です。

①「本・足・目・ガラス」などは教室ですぐに実物で教えることができる
②「ペンギン・とら・飛行機・水仙」などはすぐに子どもの目の前に実物を持ってくることはできないので絵や写真を見せて、いろいろとくわしく話してやる
③「にらむ・わらう・おこる・ころぶ・とび上がる」などは動作化して見せる

④「長い短い、重い軽い、広い狭い」などは実物を比較して理解させる
⑤「北・東・上・右」などは反対の単語を教えながら理解させる
⑥「心配する、感心する」などは具体的な生活の場面を話してやって理解させる
⑦「コンパス・ものさし」などは利用させて理解させる
⑧「本・図書・書物」「とつぜん・ひょっこり」など、同義語をたくさん並べて理解させる
⑨「一昨年、去年、今年、来年」「祖父・父・子」などは系列で理解させる
⑩「海水・校外・水中」などは訓読させて理解させる
⑪「ひょっこり・さっさと・やがて」などはややくわしく短文を作って読ませ、また子どもたちに作らせて、うまくできたものを使って理解させる

このような指導をしていても、単語の数は多いので十分に理解させることはできません。上段のように聞くと、下段のような答え方をします。

①少女ってなあに↓ウンチャウンチャウンチャヤッチャ（しょうじょう寺のたぬきばやし）
②遠足ってなあに↓いくの
③散歩ってなあに↓本門寺、ぶらんこ
④運賃ってなあに↓うんこ、おちんちん、べんじょ
⑤大みそか↓おみそしる
⑥はりきって↓おてがみよ（切手）

⑦心ぼそい↓やせてる
⑧いきなり↓どっかに行くの
⑨そっくり↓くり食べたの
⑩びんぼう↓ピンポン
⑪町はずれ↓アイス
⑫とんでもない↓とんちゃんがいないの

こんな状態なので根気よく指導しなければなりません。

授業5　助詞の読みと「いう」の読み

文の読みでは、単語の読み方とちがう発音があります。それは助詞の「は・へ」であり、「いう」という読み方です。これらは別にとりあげて指導してから、文の読みにはいっていったほうがいいようです。

・ぼくは　きの　はを　ひろった。
・わたしは　はなびを　しました。
・こうえんへ　いって　へちまを　みた。
・おかあさんは「はやく　ねなさい」と　いう。
・せんせいは「うまいね」と　いう。

こんな文の読みをいちおう読み聞かせてから、文の読みにはいったほうがいいのです。カードは一斉に読ませ、また一人ひとりにも読ませます。

これらのカードの裏に、正しく読めるようになった子どもの氏名を書いておきます。どのカードにも六人の子どもの氏名が書かれると、新しいカードの読みにはいっていきます。毎日使うカードは、五枚をこえないほうがいいようです。

こうして助詞の読みと「いう」を習得できたら、もっとたくさんの教材でさらに読みになれさせるようにします。『こくご1』の23ページ、42ページ、58ページなどの教材文も扱うようにします。

授業6　かぞえかた（助数詞）

「十六日」「十七日」「三台」「四台」など、助数詞は本来的には名詞ですが、数のあとについたときは接尾語です。

- 車の数は何と数えるかな。
- えんぴつの数は何と数えるかな。
- 紙の数は何と数えるかな。
- 本の数は何と数えるかな。
- 人間の数は何と数えるかな。
- さかなの数は何と数えるかな。

・りんごやみかんは何と数えるのかな。
・なわとびを飛んだのは何と数えるのかな。
・牛や馬やぞうなどは何と数えるのかな。
・鳥は何と数えるのかな。

ここには一〇問だけあげましたが、助数詞は「家・船・日・週・月・年・時間・歌」などたくさんのものが生活のなかで使用されています。子どもたちにも数多く使えるようになってほしいと思います。でも、とりたてて教えなければ数多く身につけることはできません。

①うまが三（　）います。
②くるまが二（　）とまっています。
③きょうしつには子どもが五（　）います。
④えんぴつを四（　）もっています。
⑤りんごを六（　）かいました。

こんな問題を与えてちゃんと書けるようにしたいものです。

授業7　かたかなの読み

かたかなも、ひらがなと同じで表音文字です。だから、ひらがなと同じような指導で習得させます。しかし、かたかなは外国の国名・地名・外国人・外国から来た物、音などを表記しますので、単語として習得させることもとり入れて指導したほうが効果的です。

また「ファウル」「フォーム」「フィルム」「カーディガン」などという特別な表記もあります。

子どもには、具体的に「フランス、アメリカ、ハワイ」「ミシン、アイロン、ネクタイ、ハム、トマト、レモン、ヒヤシンス、コスモス、バス、ピンポン、パン、テレビ、ズボン、コップ、ポケット、ビスケット、シャツ、キャンプ、カーテン、ケーキ、スプーン」「ワンワン、カーカー、ビュービュー、ガタン」などと、じっさいの単語をあげて、読み書きができるようにすすめるほうがいいと思います。

そして、五十音表でかたかながみんな読めるようにすればいいのです。長音の表記はひらがなとちがうことを具体的に教えます。

授業8　一センテンスの文の内容を読みとることができる

一、目標

短い一センテンスの文を読んで、どんなことが書いてあるかが理解できる。

二、教材文

①

きのう　まゆみさんは　びょういんに　いきました。

この文を何回も音読させて、一人ひとりに発問して答えさせる。

質問(1)びょういんに　いったのは　だれですか。

(2)まゆみさんは　いつ　びょういんに　いきましたか。

(3)まゆみさんは　きのう　どこに　いきましたか。

②

なおきくんが　りんごを　たべて　います。

質問(1)りんごを　たべて　いるのは　だれですか。

(2)なおきくんは　なにを　たべて　いますか。

③

のりこさんが　みちで　ころんで　なきました。

質問(1)ないたのは　だれですか。

(2)ころんだのは　だれですか。

(3)のりこさんは　どこで　ころびましたか。

(4)のりこさんは　なぜ　ないたのでしょう。

授業9　二センテンスの文の内容を読みとることができる

教材文

けんたくんが
りんごを　たべて　います。
おいしそうに
たべて　います。

一、目標

簡単な説明的文章を読んで、何が書いてあるか、叙述に即して理解することができるようにする。

二、教材文について

二つのセンテンスの教材文を読む学習は初めての経験である。しかし、一つのセンテンスの文は読んでいて、この教材文にはむずかしい語句や表現はないので、子どもたちにとっては無理のないものである。

この二つのセンテンスの教材文を読ませることによって、何が、何を、どうしているか、ということを読みとる力をつけ、さらに、主語省略の文を読んで、主語がわかる力をつけ、「そうに」という様態の助動詞について理解し、日常生活のなかで使うことができるようにする。

三、学習指導計画（三時間扱い）

第一時　教材文を教師が読み、一人ひとりに読ませ、すらりと読めるようにする。

第二時　書かれている内容を読みとらせる。「何が何をどうしているのか」「どのようにしているのか」ということが理解できるようにする（本時）。

第三時　「何が何をどうしている」「どのようにしている」という内容を、この教材文の内容の他のことがらで言うことができるようにする。

四、本時の展開（2／3）

学習活動	指導の要点
①教材の提示。	①教師が黒板に教材文を書く。
②みんなで教材文を声に出して数回読む。	②教師もいっしょに声に出して読む。文字を指さしさせて読ませる。「そうに」という長音の読みに気をつけて指導する。
③一人ひとりの子どもに読ま	③よく読めない子どもには、文字を指さししながら教師といっしょに読む。

せる。	
④文の内容を読みとらせる。	④発問・指導事項 (1)けんたくんが何を食べているかな。どこでわかるの。 (2)りんごを食べているのはだれかな。どこでわかるの。 (3)けんたくんが何をしているかな。どこでわかるの。 (4)けんたくんの食べているりんごはおいしいですか、まずいですか。どこでわかりますか。 (5)おいしい顔をしてみよう（一人ひとりにさせる。舌づつみを打たせる。まずいときはどうするかなと聞いて、しかめた顔をさせる）。
⑤全文を読む。	⑤もう一度全文を読む。全体で読み、一人ひとりに読ませる。
⑥なぞらせたり視写させたりする。	⑥全文を、なぞることができる子どもにはなぞらせ、視写できる子どもには視写させる。書いたものをほめる。

五、評価

①教材文を声に出して上手に読めたか
②教材文の内容が読みとれたか
③なぞったり、視写したりすることができたか（あまり高い評価の観点では見ないようにする）

授業10　三センテンスの文の内容を読みとることができる

教材文

たいいく

たいいくの　じかん
せんせいの　うしろから
かけて　いきました。
ぼくたちは　ひよこみたい。
せんせいは　あひるみたい。

一、目標

子どもたちは学校で教師といっしょに、学習したり遊んだりしている。この教材文は、体育の時間のときのことが書かれている。

音読することによって教材文の楽しい様子を味わって読み、文を読む喜びを感じさせ、さらに、読む意欲をもたせる。

二、教材文について

これは三つのセンテンスで構成されている単純な教材文で、体育の楽しい様子を思い描くことのできる詩的教材である。

語句として「たいいくの　じかん」「うしろから」「かけて　いく」「ひよこ」「あひる」などがよく理解できるようにする。そして、作品のイメージを描かせ、リズムのある読み方ができるようにしたい。

三、指導計画（四時間扱い）

第一時　教材文の提示。教師が読んでから子どもたちといっしょに読む。指でおさえて読み、目で読み、はっきり発音して読むようにする。

第二時　一人ひとりに音読させる。語句を理解させ、内容を読みとらせる。（本時）

第三時　運動場でじっさいにこの教材文の場面を再現する。運動場で教師といっしょに読む。

第四時　全文をなぞらせたり視写させたりする。体育やその他の時間にどんなことをしたか発表させる。「〇〇は〇〇みたい」という表現ができるようにする。

四、本時の展開（省略。ほぼ「授業9」に同じ）

五、評価（省略）

授業11　百字くらいで書かれた文章の内容を読みとることができる

教材文(『こくご1』の55ページの教材)

うさぎ

おさむくんは、よしおくんと、みのるくんと、えいじくんと、ひろしくんと、うさぎごやに　いきました。

うさぎが、とんで　よって　きました。

うさぎは、にんじんを　たくさん　たべました。

一、目標

学校生活になれてきた子どもたちは、学校で育てている生き物にかなり関心をもつようになる。自閉的傾向の子どもも休み時間にいつもうさぎ小屋に連れて行って、いっしょにえさをやっていると、休み時間には自分からうさぎ小屋に行ってえさをやるようになる。金魚、めだか、にわとりなどにもたくさん接触させるようにしたい。

こうした生活体験をもとにこの教材文を読ませると、内容も表現もよく理解することができる。そして、さらに生き物にかかわりをもち、生き物にかかわる読み物にも関心をもつようにしていきたい。

二、教材文について

第一センテンスは「○○は、○○と、○○に、○○しました」という形で、第二センテンスは「○○が、○○しました」という形で、第三センテンスは「○○は、○○を、○○しました」というきわめて基本的な初歩的な形である。助詞は「は・と・に・が」の四つが使われている。この教材文を読むことによって、これらの助詞が使えるようにしていきたい。

三、指導計画（四時間扱い）

第一時　まず教師が読み、何のことを書いてあるか話し合う。できればこの教材を扱う前に、うさぎにふれさせておきたい。そして、うさぎについて知っていること、見たりさわったりしたことを話し合うようにする。

第二時　全体で声をそろえて読み、個別に自由なはやさで読ませ、指名読みもさせ、くり返し読ませる。「うさぎごや」「とんで」「よって」「にんじん」「たくさん」などの語句の指導をする。

第三時　教材文全体の内容について、いろいろな質問に答えることができるようにする。

第四時　生活経験によって「○○は、○○と、○○に、○○した」「○○が、○○した」「○○は、○○を、○○した」という文型を身につける。

うさぎ、その他の動物のことが書かれている文を読んでやる。（本時）

四、本時の展開（4／4）

学習活動	指導の要点
①本時の学習内容の提示。（三つの文の学習をすること） ②第一の文例を示し、他の例文を発表させる。 ③第二の文例を示し、他の例文を発表させる。 ・語句の理解。	①教師が黒板に教材文を書く。 ②「さあ、先生が黒板に何を書くか、よく見ててね」と言って、つぎのように書く。 ○○は、○○と、○○に、いきました。 この文を読む。「まるまるは」と読んでよい。そして、これを具体的な文にするために、実例をあげて、子どもたちに他の例文を発表させる。 ・まことくんは、おかあさんと、おかしやさんに、いきました。 ③「もう一つ勉強しようね」と言って黒板につぎのように書く。 ○○が、○○って、きました。 この文も「いぬが、よってきました」「のりこさんが、はしってきました」というような例文を出して、子どもたちに自分が考えたことばを発表させる。 思いつかない場合は、動作の例をしめしながら言わせる。「とんで」「よって」は動作化して理解させる。

④第三の文例の指導をする。 ・語句の理解	④「もう一つ、勉強しようね」と言って、つぎのように書く。 ○○は、○○を、○○ました。 「うさぎは、にんじんをたべました」のほか、同じ文型で発表させる。 「たくさん」を使った文を言わせる。
⑤次時の学習意欲をもたせる。	⑤『こくご1』(65ページ）の「ざりがに」という文を読んでやる。そして、学習意欲をもたせる。「このつぎ、ざりがにをもってくるよ。いっしょに見ようね」という程度の話をして授業に期待をもたせる。

五、評価

①教材文の内容が読みとれたか

②語句が理解できたか

授業12　紙芝居を見て楽しむ（または絵本の読み聞かせ）

文学作品を読ませる前の導入段階の指導として、わたしは紙芝居をたくさん扱ってきました。この扱い方も発達段階によって工夫しなければなりません。

レコードやカセットをかけて教師は一枚一枚引いていくだけでは、紙芝居に集中しない子どもがたくさんいます。たしかに、音楽入りで声なども教師よりうまいけれども、これでは子どもは集中しません。また、教師が読んでもよく聞いてくれません。それは、イメージを描きながら物語のすじをおって楽しむことができる段階にないからです。そこで、紙芝居も段階的に考えて指導しなければなりません。

〈第一段階〉

物語のすじをとらえさせることは考えないで、一枚一枚の絵について、

「これは、なにかな」

「……」

「これはね、おおかみよ。おおかみは、こわいよ。人間にかみついて、食べちゃうよ。ほら、目もこわいね。歯もこわいね」

などと、絵を指さして話します。

「おおかみ……言ってみよう。はい、おおかみ」

と子どもたちといっしょに言います。

こうして「つぎは何が出てくるかなあ」と集中させながら新しい絵を見せます。

「これは、なんだろう。……これはね、やぎよ。おかあさんやぎだよ。やさしい顔しているね。やぎは、どうなくかな。そう、メーとなくね」

「これは、子どものやぎだよ。いくついるかな。かぞえてみよう。一、二、三、四、五、六、七。そう、七匹いるね」

こうして「つぎは何が出てくるかなあ……」と言いながら、つぎの絵を見せます。このような調子でやっていくと、話のすじをはっきりととらえることにはなりませんが、紙芝居の絵には集中します。そして、どんな人間や動物が出てくるかが理解できるのです。

長いもののすじをつなげて理解することはできなくても、その過程をこのように楽しみたいと思います。

一つの紙芝居をこうしてすじを理解するまでつづけて指導していくのではなく、それは一年くらい後に指導することにして、新しい紙芝居で同じような指導をします。

つづいて、同じようにおおかみが出てくる「三びきのぶた」でもいいし「あかずきんちゃん」でもいいし、趣向をかえて「いっすんぼうし」などの日本の昔話を扱っていいのです。そして、絵を見ながら教師のこんな話を十分楽しませたいと思います。

〈第二段階〉

紙芝居の絵に集中するようになったら、少し話のすじを加味して語りかけることにします。三回くらい同じ紙芝居で指導します。

この段階ではまだ裏に書いてある文をそのとおりに読んでやることはしません。

「けいちゃん、これ何かな。そう、かにさんよ。これは何かな、るみちゃん。そう、さるだね。かには、何をもってるかな。そう、おにぎりだね。さるは何をもっているかな。そう、よくおぼえていたね、かきのたねだね。ちょっと、読んでみるよ。『とんと、むかし、さると、かにが、おった。かには、おいしいおにぎりを、もっていた。さるは、かきのたねを、もっていた』――それから、どうしたかな。いく子ちゃん。そう、とっかえっこしたのね。さるが、かにに、どう言ったかな。先生といっしょに言ってみようね。『かにどん、かにどん（教師）、かにどん、かにどん（教師と子どもといっしょ）、おらの、かきのたねと（教師）、おらのかきのたねと（教師と子どもといっしょ）とっかえっこしよう（教師）、とっかえっこしよう（教師と子どもといっしょ）……』」

こんなふうに、子どもたちと会話をしながら、話のすじをおっていきます。

〈第三段階〉

この段階では、かなり集中力があるので、ときどき、前にいる子どもの名まえを呼んで紙芝居の内容を対話したりしながら、全体としては裏の文章を、イントネーションをつけ、声色をかえながら、大だいこの音なども加えながら読みつづけていきます。

〈第四段階〉

子どもたちに好きな紙芝居を選ばせます。そして、裏の文章を読ませます。長い文章は短く書いた紙をはって文章を簡単にしたりします。やがて、裏の文章をうまく読めるようにして、実演させます。上手に読めるように家で練習させることもすすめていいと思います。

授業13　文学作品を味わって読む

文学作品の読みの指導は、およそつぎのような順ですすめます。

①教師の範読
②教師と子どもといっしょに音読する
③内容の大体の理解（おもしろいところの発表）
④場面ごとに、ありありと想像して読む
⑤語句の理解
⑥朗読
⑦感想を発表し合い感想文を書く

・漢字や、かたかな、とくにむずかしい語句がある場合は、とりたてて、①の前か、①の後で指導しておきたい。本文がすらすら読めるようにしておいて③の指導をはじめるようにする。

文学作品を扱う授業では、五人のクラスであれば五冊、六人のクラスであれば六冊、絵本を人数分そろえて読ませます。

授業の展開は、教師による読み聞かせからはじめます。読み聞かせによって、だいたいの内容をまずつかませておきます。それから、このお話はおもしろいと感じさせるように、どんな動物や人物が出てくるか、それらがどんな関係にあるか、よくわかるように話して作品のあらすじを理解させます。このあと簡単な感想を聞きます。

つぎに、子どもたちに音読させます。この場合は、まず教師が句読点ごとに範読して、そのあと、子どもたちが声をそろえて音読するようにします。教師が調子よく、「大きなかぶ」のかけ声を、

「うんとこしょ。どっこいしょ」

と読み、子どもたちにも教師の音読の調子で読ませます。この「大きなかぶ」は、くり返しがつづく表現なので、子どもたちは喜んで読みつづけます。「あるいて　いこう」(浜田広介作）なども、リズムがあって子どもたちは大好きです。

「むかし　むかしの　ことでした」

「…………」

「おやゆびたろうが　ありました」

「…………」

「おやゆびぐらいの　大きさで」

「…………」

「おやゆびくらいの　ふとさの　たろう」

「…………」

「それでも　げんきが　ありました」

「…………」

こんなふうに、句読点ごとに教師と子どもと交互に読んでいきます。調子よく、楽しく読むことが大切です。

何回も読んでいくと、子どもたちは暗誦することもあります。それは文学を楽しむことです。

この後、一人で音読させます。ほかの子どもたちは、友だちが読んでいる文字を指で押さえていくようにします。よく読める子どもには、その子を先生にして、わたしと子どもたちが交互に音読したようにやらせるのもよい方法です。

こうして、一人ひとりの子どもが音読できるようになったら、文脈にそってあらすじをとらえさせます。それから、動物や人物の言動について、なぜなのか考え合うようにします。「大きなかぶ」で、

「おじいさんは、おばあさんを、なぜよんできたのかな」

と聞くと、子どもたちはいろいろな答え方をします。

・うんとこしょ。どっこいしょ、って

・おじいさんが　ひっぱって

・ぬけないの

・まご

このような答え方をするのは、「……だからです」という表現力が身についていないためです。そこで、「かぶが大きくてぬけないからです」と、正しく言えるように指導します。

文学作品の読み方の指導は、「なぜか」という発問ですすめていくよりも、ほんとうは共感のことばで展開したほうがよいのです。

「おじいさんと、おばあさんがひっぱっても、まだ、ぬけないのね」

と言うと、

「ぼく、やる」

と言い出す子どももいます。席を立っていって、シャベルやスコップを持ってくる子もいます。こんなときは、絵本の上にシャベルを立ててもよいのです。そして、「シャベルではとれないね」と言って絵本を見せたりして、子どもたちの自由な発言で授業を構成していくようにします。

そして、くわしく読んだあと、さらに朗読を楽しむ子どもにしたいものです。単語の意味の指導は、この指導過程のなかで、その語句を何回も使い、子どもたちにも使わせながら身につけるように指導することを大切にしながら、単語に応じてよい指導をします。

〈資料〉「あるいていこう」(浜田広介の原作に教科書用に手を加えたもの)

あるいて　いこう

むかし　むかしの　ことでした。おやゆびたろうが　ありました。おやゆびくらいの　大きさで　おやゆびくらいの　ふとさの　たろう。それでも　げんきが　ありました。せかいめぐりを　しようと　しました。

むかし　むかしの　ことでした。きしゃも　でんしゃも　ありません。おやゆびたろうは　さて　そこで、うまに　のって　いこうと　しました。

いもで　うまを　こしらえました。じょうぶな　うまが　できました。

「おうまよ、おうま、よく　はしれ。あしたは　たびに　でかけるぞ。」

おやゆびたろうは　こう　いって、うまを　うまやに　おきました。すると、どう　した　ことでしょう。ね

ずみが　うまを　たべました。
「一ぺん　たべると、また　たべる。もう　もう　うまは　つくらない。」
むかし　むかしの　ことでした。きしゃも　でんしゃも　ありません。おやゆびたろうは　さて　そこで、くるまに　のって　いこうと　しました。
まめで　くるまを　こしらえました。きれいな　くるまが　できました。
「くるまよ、くるま、よく　はしれ。あしたは　たびに　でかけるぞ。」
おやゆびたろうは　こう　いって、くるまを　とぐちに　おきました。すると、どう　した　ことでしょう。はとが　くるまを　たべました。
「一ぺん　たべると　また　たべる。もう　もう　くるまは　つくらない。」
むかし　むかしの　ことでした。きしゃも　でんしゃも　ありません。けれども　ふねは　ありました。おやゆびたろうは　さて　そこで、ふねに　のって　いこうと　しました。
とうふで　ふねを　こしらえました。りっぱな　ふねが　できました。
「おふねよ、おふね、よく　うかべ。あしたは　たびに　でかけるぞ。」
おやゆびたろうは　こう　いって、川に　うかべて　おきました。すると、どう　した　ことでしょう。さかなが　ふねを　たべました。
「一ぺん　たべると　また　たべる。もう　もう　ふねは　つくらない。」

三ども　こう　して　たべられて、おやゆびたろうは　ないたでしょうか。いいえ、たろうは　なきません。

「あるいて　いこう。」

と　いいました。

むかし　むかしの　ことでした。ひろい　のはらを　どこまでも、ひとりで　あるいて　いきました。

山さか　こえて、川　こえて、ひとりで　あるいて　いきました。

わたしの学級の子どもたちは、この作品を暗誦しました。宿泊学習に行って、長時間歩くとき、よくみんなで大声を出して唱えながら元気に歩きました。文学作品を暗誦させることはよいことです。じつに楽しいことです。一つか二つは、文学作品を暗誦できるようにしたいものです。

授業14　やや長文の文学作品を読み感想文を書く

「ろくべえ　まってろよ」(灰谷健次郎作）を高学年の子どもに読ませました。まず、わたしが朗読します。そして物語の大体を板書しながら理解させます。つぎに、新出文字やむずかしい語句の指導をします。それから、わたしといっしょに声を合わせて音読します。どこを読んでいるのかわからなくなる子どももいるので、指をさして読ませたり、ときどき「ここから」と本を見せたりして読みつづけます。家庭でも読む練習をさせます。そして、くわしく読みます。わたしは子どもたちに考えさせます。子どもたちは作品をよく読みながら答えます。いろいろな答えについてみんなで話し合っていきます。それは、つぎのようなことでした。

①ろくべえに「まぬけ」と言っているけど、かんちゃんたちは、ろくべえをどう思っているのかね。

②ろくべえは、なぜ上を向いてないているのだろうね。

③「ろくべえ。がんばれ」ということばは、ろくべえはわかるかなあ。

④おかあさんたちは、どう言って、どうしたのかね。

⑤子どもたちは、どんなことをしたかな。

それは、なぜだろうね。

・歌を歌った

・シャボン玉をした

・ゴルフをする人にたのんだ

⑥だれもあてにできないので、子どもたちはどうしたかな。（頭がいたくなるほど考えた）

⑦クッキーをつれてきたのはなぜかな。（犬で、ろくべえのこい人をあなに入れると、どうなると思ったのか）

⑧どうやって助けたかな。

くわしく読んだ後、感想を発表させました。そして、感想文を書かせました。授業の終わりに十分間くらいで書かせたので、長い充実した感想文にはなりませんでした。

○ならた　さおり　ろくべえがあなにおちた。こどもが、がんばれといった。しゃぼんだまをしてた。おかあさんがたすけない。はやくしないと、ろくべえしんでしまう。ゴルフをするひともたすけてくれません。こどもたちがたすけました。こどもたちはたすけた。ろくべえよかったな。

○羽鳥　浩章　ろくべえは、あなのそこにおちてしまいました。ろくべえは、さみしいきもちです。あなのそこには、ガスがたまっているからしぬことだってあるんですといいました。はやくろくべえをたすけないと、しんでしまうといいました。ろくべえのことをたすけないと、しんでしまうとこどもはいいました。

○熊沢　慶一郎　おとなは、ろくべえをたすけませんでした。ゴルフのくらぶをもったおじさんはたすけてくれませんでした。クッキーは、ろくべえとじゃれた。かごにはいりました。たすかりました。

○秋山　妙子　くまざわくんが、ろくべえをたすけたのはクッキーですといいました。私はこどもがたすけたとおもいます。みすずさんがクッキーをつれてきた。おとなはたすけませんでした。こどもが、えらいです。みんなでしんぱいしてたすけました。

授業中、ろくべえを助けたのは「クッキーだ」という答えと、「こどもだ」という二つの答えについて話し合うのも、主題にせまる話し合いをしたり、また、ろくべえを元気づけるために「どんぐりころころ」を歌い、「もっと、けい気の　ええ　うたを　うたわな　あかん」と言って「おもちゃの　ちゃちゃちゃちゃ」と歌うところで、子どもたちが「ピーヒャラ、ピーヒャラ、パッパ　パララ、ピーヒャラ、ピーヒャラ、おどるポンポコリン……」と大声で合唱をはじめたり、じつに楽しい授業をしました。

最後は普通学級と同じような「国語テスト」をして終わりました。「名あん」「人間」「時間」などの漢字も一題三点の配点なので、少しむずかしかったようで、六〇点台、七〇点台でした。採点は大切なことではないので同じテストを二回も三回もやって、国語の力をつけます。

授業15　説明文を読む

教材文

人間としょくぶつ

江口季好

人間はむかしから、しょくぶつを食べています。それは、こめ、むぎ、きゅうり、なす、だいこん、にんじん、ごぼう、まめ、りんご、なし、みかん、かきなど、たいへんたくさんのしゅるいがあります。

また、人間はむかしから、しょくぶつで家やどうぐなどを作っています。それは、すぎ、ひのき、けやき、かやなど、たいへんたくさんのしゅるいがあります。

また、しょくぶつをくすりにもしています。それは、できものをなおすのにつかうどくだみ、おきゅうにつかうもぐさを作るよもぎなどです。

　このほか、しょくぶつはまだたくさんやくにたっています。

　こうえんを歩いてみましょう。ここには木がたくさんあって、夏のあつい日にひかげをつくります。

　道には木がうえてあります。それは美しいけしきにしています。

　山にいってみましょう。ここにふった雨は、木のはがおちて土になったところにしみこむので、町や村はあまり大水になりません。

　また、しょくぶつはよい空気をつくります。人間はその空気をすって生きています。

　わたしたちは、しょくぶつをだいじにしなければなりません。それは、しょくぶつが人間にたいへんやくにたっているからです。また、しょくぶつも、人間とおなじように生きているからです。

一、目標
　植物と人間との関係を読みとり、植物についての認識を深める。また、文章の内容を理解して、文章全体の構成に気づくようにする。そして、さらに自分の知っている知識をつけ加えて読み、植物への興味関心をひろげる。

二、教材文について
　この「人間としょくぶつ」という教材文は、植物が人間の役に立っていることを七項目に分けて説明している。そして植物を大事にしなければならないことを主張している。そこで、この教材文の学習によって、わたしたちはなぜ植物を大切にしなければならないかということを「……だからです」という表現で考えることができるようにしたい。

三、指導計画（一〇時間扱い）

時	過程	学習指導内容
一	導入	・「犬や猫を何と言うか」という話し合いで「動物」であることを認識し、さくらの木やいちょうの木や草などの話をしてこれらが「植物」であることを認識させる。 ・動物の種類をたくさん発表させ、また植物の種類をたくさん発表させる。 ・植物はどんな役に立っているか、知っている子どもに発表させる。「食べる」「花を見る」という程度でもよい。
二	展開	・「植物のことについて書いてあるよ。読んでみるよ」と言って教師が読む。 ・子どもといっしょに音読する。 ・新出文字の読みの指導をする。人間、食べる、作る、家、歩く、夏、道、美しい、雨、町、村、大水、空気、など。
三	語句の指導	・語句の指導をする。 むかし、しゅるい、どうぐ、すぎ、ひのき、けやき、かや、できもの、なおす、どくだみ、おきゅう、もぐさ、ひかげ、けしき、木のはがおちて土になる、大水、よい空気、

六～四	内容の理解	だいじ、やくにたつ、生きていく、など。 発問例（通読した後） ①人間はどんな植物を食べていますか。（書いてあること以外にも発表させる） ②人間はどんな植物でどんなものを作っていますか。（杉やひのきなどと言わないで、木で机を―と言わせたり、ものさしを―と言わせたりする） ③人間はどんな植物でどんな薬を作っていますか。（書いてあるものを言わせる） ④もっと、どんな役に立っていますか。（公園のこと、道のこと、山のこと、空気のこと） ⑤わたしたちは植物をなぜ大事にしなければならないのでしょう。（役に立っているから、人間とおなじように生きているから） ⑥植物が少なくなると、人間はなぜ生きていけなくなるのでしょう。（「食べるものがなくなるからです」というように発表させる） ⑦指示語の内容を理解させる。 ・「人間はむかしから、しょくぶつを食べています。それは……」の「それは、どんなことですか」と聞いて、「食べているのは」ということであることを理解させる。 ・「それは」「このほか」「ここには」「ここに」「その空気」 ・「……からです」という言い方を身につける。
八～七	整理	・全文を読んで、内容を整理させる。（いっしょに板書してもいいし、ワークシートを使って整理させてもよい）

十～九

評価

〈ワークシートの例〉（テストではないので、まとめの学習をしながら書いていく）

(1)たべているもの（　　　　　）

(2)木で作っているもの（　　　　　）

(3)くすりにしているもの（　　　　　）

(4)このほか、やくにたっていること

・

・

・

・

(5)わたしたちは、なぜしょくぶつをだいじにしなければならないのでしょう。

・

・

①音読させる

②発問して答えさせる

③ペーパーテスト（教えながら何回もやらせる）

〈ペーパーテストの例〉

こくごテスト

なまえ（　　　　　）

一、かんじに、よみがなをつけましょう。

食べる　作る　歩く　道　美しい　空気

（　）（　）（　）（　）（　）（　）

二、かんじを、かきましょう。

にんげん　なつ　まち　むら

三、しょくぶつの名を、十こかきましょう。

1　2　3　4　5

6　7　8　9　10

四、「それ」「これ」というのは、どんなことでしょうか。

・「人間はむかしから、しょくぶつを食べています。それは、こめ、むぎ」の「それ」はなにをさしていますか。

（　　　）

五、しょくぶつをだいじにしなければならないのは、なぜでしょう。

（　　　）

（　　　）

4　書く力を伸ばす授業

授業1　ぐるぐるがき

単語も話しことばもほとんど理解することなく、意味不明の音声を発している子どもたちに、えんぴつを持たせて何かを書かせるというようなことは、子どもの発達を無視したとんでもない指導であると思われるかも知れませんが、わたしは長年このような指導をしてきました。

はじめは書くものを持って何かを書こうとする意志はなにもありませんが、書くことをめざして指導していくと、やがて確実に文字を書くようになり、多動で数秒もじっと机についていられなかった子どもも、書く力が身についてくると、八百字から千字以上の文を書くにはやはりかなりの時間机についていなければならないので、しだいに多動性が消えて、いろいろの教科にも集中できるように成長していきます。

文字を書き、文を書くということは、自分がしたことや見たことや聞いたことや、感じたり考えたりしたことを再現することです。子どもはこの書くという行動をとおして、自分の生活を再び見つめ、現実をより正しくとらえ、自分の考え方や行動のしぶりがよいかどうかを確かめるのです。また、書いたものは文化的創造物であって、他の人が読むと新しい生活にふれて自分の考え方を豊かにすることができるのです。

とにかく、人が読んでもよくわかるように書くには「けんちゃんが来ました」と書いても読む人はよくわからないので「年は十四で、目があまりよく見えないので、もう学校にかよっています」というように、ここで説明しておねばならないと考えて書き添えなければならないのです。こういうことができるためには高い思考力が必要です。ところが、書く学習をつづけていけば、このような思考力がしだいに身についていくのです。

「いしめため」とだけ書いた子どもが二年たつと「がっこうからかえっていました。なんにもしていないのに、三ねんせいのおとこのこがあしでけっていじめました。だめよといいました」というような自己主張ができるようになるのです。書いたものをとおして話し合い、どう書けばいいかを考えさせ、書く力を伸ばしてきたからです。

ことばの力を伸ばすということは、こうして自己表現ができるようにしていくことを一つの大きな目標にしなければなりません。もう一つは、話し合うこと、対話することができることです。この二つが大きな目標です。民主主義というのは二つの大きな考え方を基本にして成り立っています。一つは言論表現の自由があること、もう一つは議会制度で、住民自治の思想であり、話し合いということです。

書くことによって、話し合う、ということは、そのままで民主主義教育なのです。このことをめざして、わたしは一年生に入学した翌日から書かせる指導をはじめてきました。

まず、子どもと親しくなることが大切です。そして、子どもが教師のそばによってきて何かをいっしょにしたがるようにしたいのです。じっとしていると、いつのまにか、膝の上にのってくるような関係をつくることが大切です。すると、いっしょに絵本を見たり、いろいろな色のサインペンなどで、いっしょにぐるぐるがきをすることができるのです。

こんな線を書かせよう、などとは考えません。どんな線でもいいのです。できれば、右手で円をいくつもつづけて書くように「ぐるぐる、ぐるぐる」と言って、いろいろな色で自主的に意欲的に書くようにしたいと思います。毎日、少しの時間でもいいのです。「ぐるぐる、ぐるぐる」と言って子どもといっしょになって楽しく書くようにします。

はじめのうちは手をもって書かせてもいいのですが、しだいに、一人で書けるようにしたいものです。この力が、文字を書き、文を書き、文章を書くことにつながっていくのです。二年後、三年後、どんなことをこの子が書くのか、それを思ってこの指導をしたいと思います。

授業2　ある意図をもって書く

画用紙に、横に一本の線を引いただけのものを見て、わたしたちは子どもが何を書いたのかいろいろと想像します。道かな、橋かな、川かな、線路かな、水平線かな、テーブルかな、黒板かな……もう一本の線が書き加えられると、イメージがかなりはっきりしてきます。子どもが一本の線を書いた意図がわかるのです。

子どもはある意図をもって一本の線を書いたり、無意識に書いたりします。しかし、今まで「ぐるぐるがき」をしてきた子どもが一本の線を書いたときは、かなり強い意識をもって書いたものと見なければなりません。この子は同じような線を何本も横に書きました。どうやら、運動場にひいてあるコースの白線のようです。この子は「運動場の線」とは言えません。だまっています。わたしはこの子に運動場を見せて「これ、白い線ね」と語りかけます。子どもの意図と私の想像が合っているかどうか、よくわからないのですが、こう理解してほめてやってもいいと思います。翌日「ほら、あの白い線、こう書こうね」と言って、書いてみせて、子どもに昨日のように書かせるのです。これは絵の指導です。しかし、文字を書く導入です。「二」だって「三」だってこの横に線を引く筆法だからです。

ぐるぐるがきから、横の一本の線へ……そしてわたしはこの線の多様化を期待します。縦に一本の線をこの子が引いてくれたら、わたしはどんなにうれしいでしょう。この子のイメージと表現の世界が大きくひろがったことを意味するのです。縦の線は「り」というかたかなや、ひらがなにもなり、やがて「川」という漢字になっていくのです。縦線と横線が書けると「十」の字だって、江口の「口」だって、「土」だって、「た・に・こ」「エ・コ・ニ・ヨ・ユ」など、いくつも文字が書ける基盤ができるのです。

子どもが自ら縦に線を引く日を待つのもよいでしょう。どんな認識と意図のひろがりが縦の線を創造させるのか、それは興味津々たるものを覚えます。しかし「こんどは、こう書いてみようね。のぼりぼうよ。ほら、あそこよ」と教えて書かせてもいいのです。わたしはどちらかといえば、教えてやるような指導の方法で実践してきたことが多いように思いますが、そのときは子どもの意欲性や主体性を宝物のように大事にしてきたように思います。

子どもが、自分のある種の意図をもって直線や曲線を書くことができるように、教師が「バナナよ」「りんごよ」「金魚よ」「プールよ」「チューリップよ」と言いながら書いてみせるのもいいし、「先生をかいて」「うさぎかいて」と言って書かせてもいいのです。似ても似つかぬ絵であっても、そこに主体的意図があればいいのです。

子どもはこうして紙とフェルトペンを与えると、何かを書くようになります。それはしだいに、線も形も色彩も豊かなものになっていきます。

子どもは「手」を見て「て」と言い、「て」というひらがなを読み、「て」という点線の文字をなぞり、やがて自分で「て」と書けるようになるのです。

「て」は手のことですが、「てがみ」の「て」であり「かんてん」の「て」であり「そして」の「て」でもあるのです。「手に入れる」「手におえない」「手も足もでない」などの「て」でもあるのです。

「て」という点線のひらがなをなぞることは、指示の理解、なぞって書くという意図、手指の器用さなど多面的な発達のあかしでもあるのです。たくさんのひらがなをなぞることができるように、「すいか」「へび」「はっぱ」などと話し合いながら教師といっしょに楽しく、細かなぐるぐるがきや、いろいろな線を書きたいと思います。

授業3　ひらがなのなぞりがき

教師といっしょに、鉄棒の絵をかいたり、すいかや、シーソーや、犬をかいたりしていくと、指先が器用になって、一筆がきのひらがながなぞれるようになります。絵をかくだけでなく、まがりくねった道を自動車が走っていくことをイメージさせて線を書かせたり、点結びをさせて最後には家や星の形などが出来あがるようにしたりして運筆力を伸ばします。

そして、ひらがなの読みとその事物認識とともに、それらの名まえを書く指導をします。絵があって、そばになぞりがきができる文字がプリントしてあるもので、たくさん書かせ、さらに、文字だけを書く学習をさせます。

ここでは「うまく書けたね」「ここがうまい」と、筆順だけでなく、はらい、とめ、むすび、筆圧などを見てほめるようにします。しかし、あまり細かく注意しないように気をつけたいと思います。「ふ」の字を何度も注意して書かせていましたら、二年うえの由香ちゃんが休み時間に「あのね、ろを書いて、ちょんちょんって、書きな」と、わたしの指導とはちがったことを下級生に教えていました。「そ」の字を教えていたときもそうでした。「つを書いて、てを書きな」と教えていました。子どもはわたしが教えるのではなく、由香ちゃんの書き方にしたがって書いていきました。わたしは由香ちゃんの、やさしさと教え方の工夫をほめました。

授業4　簡単な単語の視写

教卓の上に、ついたてになるように箱をおいたり本をつみかさねたりします。わたしは「くつ」と書いたカードを上の方から少しずつ見せるように出していきます。子どもたちは、「く」の字の半分くらい見えたところで「く」と言い、「くつ」と言ったりします。

「そう。くつだったね」

と言ってつぎのカードを出します。

子どもたちはこのカードを注視します。そして文字の型をしっかりとおぼえます。「くつ」「うし」「くし」「いし」「こい」という五つのカードを見せおわったら、六人の子どもに一枚ずつ配ります。

子どもに、このカードを持って黒板の前に出して、チョークでこれらの字を見て書かせます。書いたものをそれぞれみんなで見てまるをつけます。まちがった書き方をしている子どもには、もう一度出して書かせます。

つぎは、ちがうカードで同じように黒板に書かせます。カードは五枚あるので五回書かせることができます。こういう授業は一回や二回ではなく、同じ方法で数回つづけたほうがいいのです。回をかさねるごとにうまくなります。

ところが六人とも同じような学習ができないのが学級の通常の状態です。書ける子どもにはこの方法で書かせ、書けない子どもや、指示の理解ができない子どもや、多動な子どもには、つきそって、チョークを持たせ、その手をもって教師が書いてやるようにします。こういう学習をつづけると、自閉的な子どもも常同行動によってみんなといっしょに書くようになったりします。

五枚のカードがすんだら、「のり・くさ・くり・つの・りす」「いか・いす・かに・くま・くも」「たこ・つめ・とり・はし・はり」「はと・ひと・かお・かた・くち」などと、少しずつ複雑な文字の指導にすすみます。

授業5　単語の視写

二音節二文字の視写のあと、つぎのような単語を指導します。

①「いちご・かがみ・わなげ・めだか」などの三音節三文字の単語

②「あさがお・くちびる・たまねぎ・どんぐり」などの四音節四文字の単語

③「おかあさん・ちいさい・ふうせん・せんせい・ようふく」などの長音の単語

④「せっけん・しっぽ・がっこう・もっきん」などの促音の単語
⑤「おちゃ・しゃしん・こんにゃく・ちょきん・りょかん」などの拗音の単語
⑥「ぎゅうにゅう・きゅうしょく・びょういん」などの拗長音の単語
⑦「ひょっこり・しゅっぱつ・しゃっくり」などの拗促音の単語
⑧「えをかく、おかしをたべる、ほんをおとす」などの助詞の「を」
⑨「ぼくは、たなかです」の助詞「は」
⑩「がっこうへ、いく」の助詞「へ」
⑪「と　いう」「そういうこと」などの動詞「いう」

これらの単語も、二音節二文字の視写と同様、カードを使って黒板に書かせたりノートに書かせたりして、しだいに一字一字を見なくても書けるようにして、聴写させるようにします。

ところで単語が正しく書けるには、単語が正しく発音できなくてはなりません。

単語の発音や文字表現は、わたしたちは勝手に創造的に考えてはならぬものです。「がっこう」を「がっとう」、「せんせい」を「せんてぃ」などと自分勝手にかえてはいけないものです。単語はみんなが共通に理解し身につけなければならないものです。

ある子どもが「でんたくちょう」と書くのは、発音も正しく「れんらくちょう」とは言っていないのです。発音を正しく指導しなければ正しく書く子どもになりません。だから発音と読むことと書くことは、できるだけ同習的な指導をしたほうがいいのです。でも、表記には例外があるので、この指導もしなければなりません。

授業6　特別な表記

特別な表記については、例文を作って視写させたり、聴写させたりします。

①とおくの　おおきな　やま
②おおかみが　とおった
③しかくな　こおりが　とお　ある
④おねえさんと　えいがを　みた
⑤はなぢが　つづけて　でる
⑥みかづきを　ずっと　みて　いる
⑦ひもが　ちぢむ
⑧チーズケーキとクッキーを　かった（かたかなの長音記号）

これらの特別な表記は、こういう文を視写させたり、聴写させたりして、こういう書き方をするのがあるということを理解させる程度として扱います。

授業7　かたかなで書くことばをあつめる

かたかなの筆順指導をします。ひらがなが書けるようになった子どもたちには、それほどむずかしい学習ではありません。

一筆がきのやさしい「ノ・ヘ・フ・レ」、二筆がきの「イ・ソ・ト・ナ・ニ・ハ・メ・リ・ン」などのやさしい文字の書き方を教えてから、二筆がきの「ア・カ・ク・コ……」などのむずかしい文字、そして三筆がきの文字へと指導をすすめていきます。

ひととおり書き方を指導したら、つぎは教室の本を自由に見せて、かたかなで書いてあることばを、カード一枚に一つずつ書かせます。この作業をつづけていくと、かたかなで書くことばがよくわかるようになります。

あつめたことばをアイウエオ順にみんなで整理します。

「あのつくことばを持ってきてください」

と言って、みんなに持ってこさせて、一枚の大きな紙にはります。持ってくるとき、

「アイスクリーム。いいですか」

と言わせて、みんなに「いいです」と答えさせてあつめます。

今日の社会では、かたかながじつにたくさん使われています。十分読み書きができるように、この授業をつづけたいものです。

アイスクリーム、アイドル、アウト、アクションドラマ、アシスタント、アタック、アップ、アップル、アトピー、アニメ、アフリカ、アラブなど、たくさんあります。

まったくの余談ですが、このかたかなあつめの授業をしているとき、「アラブ」という単語が出たので、わたしは地図を見せて「ここは石油がいっぱいとれるところだよ。あぶらがね、ここから日本にもきているよ」と説明したら、「先生、この地図まちがっているよ。アブラでしょう。アラブって書いてあるよ。なおしておくね」といいました。こんな授業のひとこまも楽しいものです。学校というところは、まちがうところだからです。

授業8　短い文を書く

一、目標

一日の生活を思い出し、一人ひとりが、心にのこっていることを一つずつ発表して、短い文を書く（一日のことを各人がそれぞれ思い出すことができるように、この授業は四校時か五校時の下校直前の時間に設定する）。

二、指導計画（一〇時間扱い）

第一時　朝からどんなことをしたか、みんなで思い出して発表する。教師は黒板に時間の順序にしたがって板書していく。最後に、黒板の文をみんなで読む。

第二時　第一時の指導に同じ。

第三時　一人ひとりの子どもが、自分が言ったことばを黒板を見ながらノートに写す。
第四時　第三時の指導に同じ。
第五時　一日のことを思い出させ、一つのことを発表させ、それを板書する。板書したものを読み、これを消して、自分で書くようにする（本時）。
第六時　第五時に同じ。
第七時　一日のことで心にのこっていることを自由に書かせ、それを発表させる。
第八時　第七時に同じ。
第九時　書いたもの（実筆）をコピーして読み合う。
第十時　第九時に同じ。

三、本時の展開

「きょうは、朝、どんなことをしたかね」と聞く。「そう、朝会があったね。だれがお話ししたっけ。そう、校長先生だったね。どんなお話だったかな」

「あのね、校長先生が、犬にかみついた」

「えっ、そんなお話だったの？」

「そう」

「ちがうでしょう。校長先生は犬にかみつかないよ」

「犬が、かみついた」

「校長先生は、犬にかみつかれたって、いわなかったよ。おかしいよ」

「でも、いいの！」

「そうか、それからどうしたかね」

「こくごやったの。ほんよんだ」

「それから何したっけ」

「たいくやった。うんどう会のれんしゅう」

「そうだね」

こうして、話をつづけます。黒板にはつぎのように書いていきます。

○ちょうかいが　ありました。
○いぬが　こうちょうせんせいに　かみついた。
○こくごの　べんきょうしました。ほんを　よみました。
○たいいくを　やりました。うんどうかいの　れんしゅうを　しました（「たいいく」と書くように注意する。「たいく」ではないことを、発音と表記をいっしょに指導する）。
○おんがくを　しました。たきびの　うたを　うたいました。
○ちゅうしゃを　しました。いたかった。
○きゅうしょくを　たべました。
○そうじを　しました。

この○印の文を読んでから消します。そして紙をくばって、書きたいことを書かせます。書き終わったら、あつめて教師が読んで、よく書けたことをほめます。子どものなかにはまだ十分書けない子どももいます。その子どもには、また話させて、それを書いてやって、なぞらせたり、そばに視写させたりします。

授業9　簡単な作文を書く

教師に二語文で話しかけてくるようになって、ひらがなで単語が書けるようになった子どもには、もう簡単な作文を書かせることができます。しかし、子どもたちは書き方がよくわかっていないので、例文をしばらく読ませることにします。

たいいく
かけっこを　しました。
ぼくは　三とうでした。
しんちゃんが　ころびました。
しんちゃんは　ころんでも　おきて　はしりました。

おんがく

うさぎ　うさぎを　うたいました。
ぴょん　ぴょん　おどりました。
とんぼの　めがねを　うたいました。
とんぼに　なって　はしりました。

こんな四センテンスぐらいの短いもので、自分たちがしていることを、「ました。ました」と書いた作文を読ませます。すると、朝礼や授業や休み時間のことを、こんな調子で書けるようになりますが、例文のようにまとまったものにはなりません。

ちょれい
ちょれいでみんなでならんだ。
ちょれいでならんでおはなしをした。
ぶるぶるさんで（ビューティフルサンデーというゆうぎ）をやりました。
うんどかいをうたた（運動会の歌を歌った）。
あとはきょしつにはいりました。

ぼる（ボール）なげ
ぼるなげしました。

さんすしました。
さくぶんかきました。
おわり。

　ろくぼく
わたしわなきました。
ふるえました。
わたしわろくぼくやりました。

たいてい、こんなふうな文章になります。しかし、こう書けることは、驚くべき発達だと、わたしは実践に自信をもちます。

これからは、たくさん読んでやって、たくさん生活の話をさせて、それらをぐんぐん書かせたいと思います。

子どもたちには、書くことがたくさんあるように、見たこと、聞いたこと、したこと、思ったことなど、たくさん話を聞いてやって「それを書くといいね」と、取材指導をつづけ、自ら意欲的に書く子どもにしていきたいと思います。

授業10　日記を書く

①書かせはじめるとき（第一段階）

ひらがなが読めるようになり、少し書けるようになったら日記を書かせたいと思います。「授業8　短い文を書く」のところで、一日のことを思い出させ、一センテンスの作文が書けるように指導しました。この授業のあとではもう日記を書かせることができる条件がととのったのです。一〇時間の授業が終わったら、下校の少し前に「さあ、今日の日記を書いて。それから帰ります」と言って書かせることができます。

一人で書ける子どももいますが、あまり書けない子どももいます。そういう子どもには話させて、書いてやって、なぞらせたり、視写させたりします。

②きのうのことをくわしく書く（第二段階）

子どもたちは朝わたしに連絡帳を持ってきます。わたしはそれを読んで一人ひとりの子どもの、きのうの生活を知ることができます。日記指導をはじめるころは、お母さんに、とくにくわしく帰宅後のことを書いてもらうようにたのんでおきます。

わたしは子どもたちに「きのう何をしたの」と聞いて、できるだけくわしく話させます。くわしく話すことが、後になって作文をくわしく書く力になるのです。

そして「話したように書けばいいよ」と言って時間の順序に「ました。ました」と書かせるようにします。この段階では、よくつぎのような日記を書きます。

> きのうは　おとうとと　ままごとを　しました。それから　べんきょうしました。　それから　ごはんたべました。おふろにはいって　ねました。

わたしは、このようなパターン化した日記がつづいたとき、こんな話し合いをしました。

「先生は、日記を読んでいると心配でしょうがないよ。だって、いつも、おふろで寝ているんでしょう」

「おふろでは寝てないよ。いつも、おふとんで寝ているよ」

「だって、見てごらん。『おふろに　はいって　ねました』って、ほら、ここにも、ほら、ここにも、こう書いているんだもん。先生はおふろで寝ていると思っていたよ。心配でしょうがないよ、先生は」

「じゃ、あしたから、おふとんで寝たこと、書いてくるね」

こんな話をすると、つぎの日、子どもはちゃんと「おふろに　はいって、あがって　おふとんで　ねました」と書いてきます。

しかし、わたしはまた、こんな話をします。

「おふとんは、いつも水でぐちゃぐちゃぬれているんでしょう。先生は、やっぱり心配よ」

「どうして」

「おふろから、あがったら体は水でぬれているでしょう。ぬれたままねると、おふとんは水でぐちゃぐちゃでしょう」

「あのね、体はふいてるの。ママにふいてもらうこともあるけど。あしたから、体をふいたこと、書いてくるからね」

つぎの日の日記には、たしかに「――あがってから　からだを　ふいて、あしもふいて、てもふいて、あたまもふいて、かおもふいて、おふとんで　ねました」と書いてあります。体をふいても足や顔をふかないとふとんがぬれることを先生に言われると思って、考えてこう書いたのです。

わたしはこの日記を見て、

「先生は、まだ心配よ。かぜひくとたいへんだよ。いつも、シャツも着ないで、パンツもしないで、はだかで、ふとんも、毛布もきないで、まくらもしないで寝てるんでしょう」と言いました。

この子はつぎの日「――からだをふいて、あしもふいて、てもふいて、あたまもふいて、かおもふいて、パンツをはいて、シャツをきて、もう一まいきて、パジャマのズボンをきて、うえもきて、ふとんにねて、まくらをして、ふとんをひっぱって、かぜひかないようにしてねました」と書いてきました。

こうして、かなりくわしく書けるようになりました。しかし、これはいわゆるクソリアリズムと言われるもので、「ごはんを食べました」と書くところを「茶わんをもった回数、箸を使った回数、口や歯の動いた回数」を「ごはんを口に入れて、はでかみました。またかみました。またかみました。また……」などと書くのはばかばかしいことです。

くわしく書けるようにすることは大切なことですが、どこを、どう、なぜくわしく書くかということを、いつか理解させねばなりません。

③一つのことだけくわしく書く（第三段階）

前の日記でいうと、八時間くらいの間のことを四センテンスで書いていますので、このなかのどれか一つのことをくわしく書くようにすればいいのです。

○ままごとをしたときのこと
○べんきょうしたときのこと
○ごはんをたべたときのこと
○おふろにはいったときのこと

このそれぞれについて四センテンスくらい書くようにすることが、くわしく書くということになるのです。

○おとうとに　ままごとしようと　いいました。ママのおっぱいのむのやめたの。にわでしました。すなにはっぱをかけました。カレーおいしいです。（つちだしょうこ）

○さんすうの　べんきょう　しました。30のところを　まちがえました。ごむをさがしました。えんぴついれをさがしました。なかった。てで　けしました。つばをつけて　けしました。やぶれました。ごしごしやった。大きな　あながあいた。（つちだしょうこ）

○ゆうちゃんが、がっこうにおそくきました。みんなまっていた。ゆうちゃんがおじいさんのかおできました。こんどはみんなでべんきょうしました。ぼくは、こくごをやりました。ゆうちゃん、こんどから、おくれないで。ゆうちゃん、きょうあそぼうね。いけがみマンションであそぼうね。がっこうに、はやくきてね。そして、

こんどからおそくならないでね。ねぼうしないでね。はやくおきてね。（おしみたかゆき）

こういう作品について「ここがいいね」とみんなで話し合っていくことが第三段階の指導です。叱られると思ってゆうちゃんが、しかめっ面でまえ屈みになってきたところを「おじいさんのかおで」と書いたところはじつによい表現です。

そして、たくさんの日記のなかから、くわしく書くといい作文になるなと思われるものを、いろいろと話し合って、したことや話したことも思い出させて、内容的にも表現的にもすぐれたものが書けるようにしていきたいものです。

授業11　したことをよく思い出して、くわしい作文を書く

みんなで、日曜日にどんなことをしたか、お互いに発表し合います。教師が指名し、一人で話をさせます。

「まこと君、きのう何したの」

「のり子さん、きのう、だれと何をしたの」

というように聞いていきます。

一人ひとりの子どもの発表について、話をくわしくするために、わたしはそれぞれの子どもに質問します。子どもたちが質問する場合もあります。みんなが話し終わると、題名を考えさせ、作文ノートを配って書かせます。

題名は「とこや」「おはかまいり」など、教師と話し合ってきめる場合がありますが、きめにくい子どもは「きのうのこと」という題にさせます。

各自書きはじめますが、うまく書きすすめていけない子どもがいます。教師は、そんな子どものそばに行って助言します。だいたい一五分くらいで書き終わります。書いたものをあつめ、教師が読んでやったり、各自に読ませたりします。このとき、話したときにはくわしかったのに、書いたものが短くてよく書けていないものは、書くことをもう一度よく思い出させてくわしく書かせます。つぎの作文は、子どもが自分ひとりで書いたものです。

日よう日のこと（①の作文）　岩塚　はつみ

あさおきてからやぐちようごがっこうに行きました。おかあさんと、わたしと、なつみと三人で行きました。三人であるいてがっこうに行きました。池上小学校でしんぶんひろげをしました。てがまっくろでした。

この作文は話したことが十分書けていないので、さらにくわしく話させながら書かせました。

日よう日のこと（③の作文）　岩塚　はつみ

あさ、ごはんをたべたら、おかあさんが、
「やぐちようこ学校のやぐちさいにいくよ」
といいました。
わたしは、ふくをきがえました。おかあさんと、なつみと三人であるいて行きました。

やぐちようご学校は人がいっぱいでした。しばふの上で、みんなで、とうきょうおんどをおどりました。三人で、べんとうをたべました。

こんどは池上小学校にあるいて行きました。てつやくんや、こう一くんや、きいちゃんや、なかじまくんなんかがいました。みんなでさぎょうをしました。しんぶんをひろげてかさねました。そして三つにたたみました。おかあさんがビニールのひもでゆわきました。たくさんできました。これをうって、さぎょうしょをつくるお金をためます。

手がまっくろになりました。さぎょうがおわったので、手をせっけんでごしごしあらいました。

うちにかえったら、くたびれました。おかあさんもくたびれました。

「ああ、くたびれた」

といって、あくびをしました。

二つの作文を比べて、

「この作文は、先生といっしょに書いたのね。はつみさんが、自分一人でこんなに長く、くわしく書けるといいな」

と話しかけると、子どもたちは「無理よ」と言うときもあるし、「このつぎ、くわしく書くから」というときもあります。

二つの作文を比べながら、どこがくわしいのか、また、よく思い出して書けているところはどこかを説明して、作文というのは、このように書いていけばいいのだなということを会得させます。こういう授業を、一〇回も二

○回もくり返すなかで、子どもたちは、だんだん、したことをよく思い出して、くわしい作文が書けるようになっていくのです。

くわしく書けるということは、自分の現実の生活をよく見つめる力が身につくということであり生活認識、つまり、生活のさまざまな場での対応すべき自分の言動と思考が、この作文の授業によって成長していくのです。

池上小学校の障害児学級の親たちは、重度の子どもも働ける作業所を建設する目的で、「はすの実グループ」をつくって資金を集めました。この作文の中の「しんぶんひろげ」というのは、この作業のことです。子どもたちは、これが何の作業であるか、まだよくわかっていませんが、くわしい作文を書くことで、日本の、障害をもつ者の生きていく道などについても、認識を深めていくでしょう。

わたしはこのような作文の指導をつづけていますので、作文には三つの種類があることになります。

第一は、大人がまったくかかわりのないところで、子どもが一人で書くものです。これがほんとうの実力を示しているものです。

第二は、わたしが「どんなことを書くの。どんなところから書きはじめるの。うん、その話したことばは忘れないで書いておいてね」などと話してから書かせるものです。

第三は、こうして書いた二種類の作文を読んで、わたしがよくわからないところを質問して、子どもが言ったことを書き加えさせながら完成させる作品です。だから、この第三の作品はほんとうの子どもの実力そのものではないと言わねばなりません。ぶどう社発行の『先生とゆびきり』のなかの「いずこうげん」と「目のわるいわたし」という作文は、この第三の作文です。

ところで、この第三の作文の指導をしていくことが、第一と第二の作文の質を高めていくことになるということはいうまでもないことです。わたしは、二〇年ほど障害をもつ子どもたちの作文指導をつづけてきて、この三つの実践が大切であることを痛感してきました。文集その他に発表する場合、わたしはこのことを父母にも説明して、作文の題の下に「①の作文」「②の作文」「③の作文」などと書き添えてきました。そして、いつもいちばん大切にしなければならないのは、子どもが自立的に書く「①の作文」です。

授業12　生活事実を書く

障害児学級や養護学級で発行されている文集を見ると、遠足、運動会、実習などという行事についての作文が多いようです。家でお手伝いをしたこと、友だちと遊んだり、けんかしたりしたこと、自然の木や草や花などのこと、犬や猫や小鳥などのこと、買いものをしたこと、道に迷ったこと、かみなりがなったこと、病気したこと、交通事故を見たこと、台風、給食、花火、にじ、ゆめ、読書、ごきぶり、弟、おじいちゃん、ゆき、ねしょうべんなど、書くことはいくらでもあるのに、文集の作品は取材の範囲がせまいように思われてなりません。

わたしはもっと日々の生活行動について書くようにしていきたいと思わないではいられません。

題材を多面化することは外界への認識を豊かにしていくことですから、学校と家庭との往復の生活になりがちな子どもに、できるだけさまざまな生活体験をさせるように配慮したいと思います。

そこで、ＰＴＡのときなど何かの家の手伝いをさせることはできないかなどと考え合いたいと思います。肩を叩いてもらうこともいいし、いっしょにそうじするのもいいし、何かをいっしょに運ぶのもいいし、竹の子の皮をむかせるのもいいし、せんたくした手ぬぐいをたたむのもいいし、ちょっとしたお使いに行かせるのもいいし、その子にできることを何かやらせるようにしたいものです。そして、その体験を話させ、それを書かせたいものです。

学校では子どもにいろいろと話しかけて、生活を話し合うようにしたいものです。失敗したことも、叱られたことも、ほめられたことも、ありのままに話し、またそれを書かせたいものです。

おしっこ　　　　　　　　　　あきやま　さちこ

よるねてるとき、おしっこがでました。おふとんがぬれました。つめたかったです。わたしはすぐおきました。ぱじゃまをぬぎました。ぱんつもぬぎました。
おしりまるだしになった。おかあさんのかおは、おにみたい。わたしはにげました。

ペロ　　　　　　　　　　寺田　雄三郎

ままとおふろにいった。ままはせんめんきをもって、せっけんをもって、てぬぐいもって。ぼくは、ぶらぶらあるいた。ペロはうちであらう。いっしょにいけない。
ぼくはペロとはいりたい。ペロはないていた。きゃん、きゃん、きゃん、くん、くんくん、ないている。

えんぴつ　　　　　　　　とよだ　ゆか

ふるやまくんの　えんぴつをかみました。えぐちせんせいが「だめね」といいました。わたしがおかねでかって、かえします。あたらしいのは、りきやくんです。かんだのは、わたしのです。えんぴつは、かみません。こんどから、かみません。きゅうしょくをたべます。これで、はんせいをしています。

えぐちせんせい　　あべたかゆき

えぐちせんせい、ぼくはなきました。だいじょうぶ。しんぱいしない。NHKがくえんたいへんだ。きにしない。こうふんしない。とうしば、ジャンケンポン、グーチョキパー。グーはグラタン。チョキはチョコレート。パーはパパイヤ。

「おしっこ」と「ペロ」は家庭生活への取材で、「えんぴつ」「えぐちせんせい」は学校生活への取材です。これらは、みんな日常生活に取材したものです。「えぐちせんせい」を書いたのは自閉性障害の多動な子どもです。行事ではなく、いや行事のほかに、こういう生活をたくさん書かせていくことが、生活認識を育てていくことになるからです。

そこで、二つの内容で取材指導をします。第一は「叱られたこと」「けがしたこと」「お手伝いをしたこと」「あそんだこと」というように「――こと」という取材のヒントを与えて、書くことを具体的に思い浮べさせることです。第二は「こわかったなあ」「おもしろかったなあ」「くやしかったなあ」「ふしぎだったなあ」「かなしかったなあ」「おどろいたなあ」というようなことから主題性のある体験的事実を思い浮べさせることです。

「あそんだこと」ということから各人にいくつも遊んだことを思い出させ、そのうちの一つに取材して書くようにします。この授業はイメージが浮ぶようにゆっくりと豊かにくわしく話させます。すると、こういうものを書きます。

こうえん
とよだ　ゆか

すべりだいであそびました。ちかこちゃんが、

「いっしょにあそぼう。」

といいました。てつぼうであそびました。えいこちゃんが、

「はいっていい。」

といいました。ぶらんこであそびました。かよちゃんがきました。

「いれて。」

といいました。わたしが、

「いいよ。」

といいました。つりわであそびました。いっしょにつりわをやりました。


この作文は家に帰ってから近所の子どもと遊んだ作文です。まず、近所の子どもたちといっしょに遊ぶようになったことがりっぱです。このために、わたしは学校で休み時間に普通学級の子どもと遊べるようにしました。こういう、いわば生活指導が作文に結びつくのです。さまざまな生活体験をさせ、それをよく思い出させることが取材指導の授業です。

授業13　考えをまとめて説明的に書く

作文を書くときは、まず、何について書くのかということを自分でしっかりとつかんでいなければなりません。そして、その書きたいことを、どのように書いていくかということも、あらかじめ考えておかねばなりません。子どもたちはこれまで、自分の生活体験のひとこまを、ずっとつづいている生活の流れのなかから切りとって、はじめにどこを書き、つづけてどう書き、最後はどこで終わるかを考え、このことを「……ました。……ました」と時間の流れにしたがって、自分のしたこと、見たこと、聞いたこと、思ったことを書くことができるようになってきました。

この表現方法も考えをまとめて書くということになりますが、事実経過にそって書く方法なので、考えをまとめて説明的に書くこととは少しちがいます。

子どもたちは何かを聞かれて、それに応じた答え方をしなければならないことがたくさんあります。友だちに、

「遊びに行ってもいいの。うちは、どこ。おしえて」

と言われたら、道順を説明しなければなりません。正しく説明しないと、たずねてくる友だちは道に迷ってしまいます。

「ずっと、あっち」

では、よい説明ではありません。

「この道をまっすぐいくと、パン屋さんがあるから、そこを、こっちにまがったところだよ。家の入り口のそばに犬小屋があるところだよ」

などと答える力を身につけていくようにしたいのです。この表現は生活体験の経過的発想ではなく、自分の考えや知識をまとめて説明しています。この表現方法は、生活体験の表現とは明らかにちがうものです。そこで「考えをまとめて説明的に書く力」を伸ばし、それを生活の力としたいものです。

この作文は、書こうとすることをよく知っていなければなりません。知らないことは何一つ書けないのです。そこで、わたしは「かぞくのこと」を書かせることにしています。いちばんよく知っていることだからです。まず、黒板に、横に「おじいさん　おばあさん　おとうさん　おかあさん　にいさん　ねえさん　いもうと　おとうと」などと書きます。こんなにたくさんの家族もあれば、おかあさんと二人ぐらしの子どももいます。そして、一人ひとりの子どもに、家族のことを話させます。みんな話し終わったら、二百字くらい書ける用紙を配ります。そして、つぎのように一枚に家族の一人を書くようにします。

「おとうさんはこうばで、しごとをしています。6じくらいしごとをしています。しごとをしていないときは、うちのおとうさんはねています。よるおそくまで、しごとをしているから、つかれます。テレビをみます。ごはんたべます。おとうさんは、いつもしごとをして、おかねをためています。おとうさん、ありがとうございます。ぼくは、学校ではいい子なのに、うちにかえるとおとうとけんかします。おとうさんにおこられます」

おとうさん

おとうさんは、せが高いです。せいたかのっぽです。わたしもおとうさんみたいに、せが高くなりたいです。

おとうさんはふとっています。へやをあるくとき、ドスンドスンと音がします。おかあさんと、わたしは
「うるさい。うるさい。」

といいます。おとうさんは、

「おれは、からだがおもいから、ドスンと音がするんだよ。」

といいます。

ほんとうに、こまってしまいます。おとうさんは江口先生みたいになればいいなと思います。

おとうさんは、ごはんをたべるとき、わがままをいいます。

「こんなさかななんて、へんなあじだ。」

といいます。おかあさんは、

「そんなこと、いうと、おこるわよ。」

といいます。わたしも、

「そんな、わがままいうと、しょうちしないよ。」

といいます。

わたしは、おとうさんのおへそがすきです。まんまるで、かわいいです。


一人に一枚ずつ書かせると、四人家族の子どもは自分も入れて四枚書きます。それをまとめて「わたしの家族」という題にします。文体は「ですます」体になります。

つぎに「すきなたべものと、きらいなたべもの」「ともだちにいいたいこと」などという題で説明的作文を書か

せるようにします。この場合も、考えをまとめさせる話をさせてから書かせるようにします。急がないで、ゆっくりと、書く内容をふくらませて書かせます。

六年生の豊田由香さんはこんな作文を書きました。

ともだちのこと　　六年　豊田由香

あき子ちゃんは、きゅうしょくがおそくたべます。江口先生が、

「はやく、たべなさい。」

といいます。そうじをするときになっても、あき子ちゃんは、きゅうしょくをたべています。あき子ちゃん、きゅうしょくをはやくたべてください。

古山くんはいつも、

「こまったなあ。どうしよう。」

といいます。古山くんは江口先生のせなかにしがみついてあるきます。古山くんは、たいこがうまいです。わたしはトライアングルがうまいです。

まつうらしんぺいくんは、けっこううるさいです。まつうらしんぺいくんは、うろちょろしないほうがいいです。

まきさかあやちゃんは、わたしのところなついています。かえりに、わたしといっしょにかえります。中学校にいったら、まっています。あやちゃんが中学校にきたら、べんきょうや、いっしょにあそんでやります。エーゴをおしえます。

あべたかゆきくんは、ときとぎ、わたしをつねります。だから、こまったなあ。どうしよう。たかゆきくんは、いつも、ひろばでしんぶんのニュースをよんでいます。江口先生がえらいといいます。わたしもニュースをよみます。江口先生がほめます。

どひこうじくんは、

「江口先生」

と大きな声でいいます。

「てがみだよ。」

といって、作文をもっていきます。こうじくんは、それから、しんぺいくんに

「あそぼう。」

といいます。

あき山めぐみちゃんは、あき子ちゃんといつもトランポリンをしています。なかがいいです。学校からかえるとき、いつも手をつないでかえります。めぐみちゃんは、よくねつをだしてやすみます。はやく、げんきになってくださいね。

こんな調子で、一人ひとりのことを書きました。友だちのことは、よく知っているのでたくさん書けるのです。書きながら、子どもたちは友だちのことを思い、はげましたり、注意したりしています。このような表現は、よい学級をつくっていく基本になります。また、一人ひとりの子どもに、事実をもとにして考えるということも身につけていくことができます。

授業14　記述の指導

作文を書くうえでは、書くことがらを認識する力（感覚力・記憶力・表象力・思考力・想像力など）が必要です。また、そのことがらについての意味や価値感や問題性などをとらえる力も大切です。そして、もっとも大切なことは記述の力です。だから、授業1から授業7までのうえに立って、文や文章の記述の授業を大切にしなければなりません。

この授業には「主述の照応関係」「句読点やかぎ」「段落」「文体」「比喩や、過去のことを現在形で書く記述やセンテンスの長短や（パターン化している表現を豊かなものにすること）すなおな、わかりやすい表現をする修辞」などがあります。

①主述の照応関係

・こくごの　べんきょうして、チューリップがさいています。
・ふくをぬぎなさいと、ぱんつをぬぎました。
・かえりは、ちかてつに、のってきましたのでかえりました。
・ぼくはこうえんをとべません。

作文を書かせはじめると、このような文がぞくぞくと出てきます。これではいけないので、主述の照応した文が書けるようになる授業をしなければなりません。

一つは、このような文を黒板に書いて、どう書いたらいいか話し合って、正しく主述の照応した文に推敲する指導をしなければならないし、もう一つは、主語を黒板に書いて生活事実に即して、述語を正しく書かせる指導をする授業です。

この第二の授業はとくに関係判断の助詞意識を正しく伸ばすことであり、また、過去と現在と未来にかかわる助動詞や、推量や伝聞や予想などの助動詞、さらに「もし、けっして」などの副詞が正しく使用できるようにすることがふくまれます。

そこで、わたしはつぎのような授業を大切にしてきました。黒板につぎのようなことばを書いて、正しくつづけさせる授業です。子どもが書いた文をとりあげて指導する推敲の授業です。

〈例文・助詞〉

(1)さかなが　みずを　やりました。
(2)あめに　ふりました。
(3)がっこうで　いきました。
(4)あめが　ふると　ふらない。
(5)うちで　かえりました。
(6)ねむの　はなを　さいて　いました。
(7)りんごが　たべました。
(8)ふろで　はいりました。
(9)ちょうちょうを　とびました。

⑽えんぴつが　かいました。
⑾ジャイヤンツバスを　のりました。
⑿きれいな　さいています。
⒀でんしゃで　のりました。
⒁おかあさんから　いました。
⒂プールは　ぶくぶくを　しました。

〈例文・助動詞〉

(1)きのう　にじ　でるので　みた。
(2)もう　いいざかせんせいの手　かみます。
(3)あした　がっこう　やすんだから　だめ。
(4)おかあさんから　おにぎりを　つくりました。
(5)ぼくは　もし　びょうきなったから　いずこうげん　いくの。

〈例文・副詞〉

(1)ぼくは　けっして　ごめんなさい。
(2)とうとう　プール　はいりたいです。
(3)ぜひ　せんせい　うちに　きました。
(4)どうか　あめが　ふりました。
(5)ぼくは　かならず　しません。

たくさん作文を書かせていると、こういう文はいくつも見つかります。家で「けっして」とか「絶対に」と言われたあとは「ごめんなさいと、あやまりなさい」といつも注意されているので、「ぼくは　けっして　ごめんなさい」というような、とのわない表現をしているのです。子どもたちの表現のあやまりは生活と結びついています。だから、単純な形式的な助詞のあやまりは、ここにあげたものが指導に使えますが、助動詞や副詞はその子の生活事実に即して推敲指導をしていかなければなりません。

②句読点やかぎ

句点の指導はそうむずかしくはありませんが、「た」で「。」を書くように指導していると「また。プールにはいりた。いでです。」などと書く子どもがいます。読点は気長に、「ここに、点があると読みやすいね」と、いっしょに作文を読みながら話しかけるようにしていくと、しだいに息の切れ目で点を打つようになっていきます。「きんぎょがしんだのでせんせいといっしょにかだんにうめておはなをかざっておがみました。」というような文を黒板に書いて「どこかで点を打ったほうがいいね。どこに打とうか」と話し合うような授業も必要です。

作文に会話を入れて書けるようになると、作品がリアルになります。でも「話したことばを入れて書きなさい」と言っても、そう簡単に書けるようにはなりません。そこで、じっさいの場面で、会話を入れて書く指導をします。

わたしが「てっちゃん、元気?」と聞きます。てっちゃんが「元気だよ」と答えます。そして、黒板にこう書きます。

先生が、てっちゃんをじっと見てから、

「てっちゃん、げんき。」
とききました。てっちゃんが
「げんきだよ。」
とこたえました。

つぎに「こうちゃん、元気？」と聞きます。こうちゃんが「うん」といいます。そして「今のことを書いてごらん。この黒板のように、かぎをつけてね」と言って書かせます。こんな指導を何回もつづけていくと、会話にかぎをつけて書けるようになっていきます。

③段落

大段落や小段落を考えて作文を書く力というのは、たいそう高度なもので、わたしは十分指導することができませんでした。せいぜい「はじめ」「なか」「おわり」を考え、そこを段落として一字下げで書くというくらいの指導しかしてきませんでした。

しかし、この三つの部分を考えることができるということは、少々高度ですが大事なことです。この段落意識はこうして指導するのがいいのですが、物語文教材や説明文教材で「大きく分けると、どうなりますか。どこで分かれていますか」と聞いて段落意識をもたせることも必要です。

段落には、形式的につくっているものと、意味的につくっているものがあります。形式的なものは、あまり長く文章がつづくので、どこででもいいから、一応の形式で内容にはあまり関係なくつくっているものです。指導のはじめでは、形式段落と意味段落が一致している短いものがいいのです。文学作品でもいいのですが、やはり作文の鑑賞として段落を見つけさせ、考えさせる指導はよい方法です。

おなら　　　　　　　　　　うえだ　たつお

(1)ぼくはおならがでました。くさくなりました。まことくんがぼくをみました。のりこちゃんも、みました。わらいました。ぼくはいやになりました。

(2)ぼくは、みんなに、
「おなら、していないよ。」

といいました。のりこちゃんが、

「うそつき。」

といいました。ぼくは、大きなこえで、

「ほんとうにしてない。」

といいました。先生が、

「たっちゃん、うんちしてきなさい。」

といいました。

(3)べんじょにはいって、うんちをしました。うんちがいっぱいでました。くさくなった。よくふいて、でてきました。もう、おならはでなかった。よかったです。

こんな作文を読ませて、「これは、初めと、中と、終わりがあるよ。どこが初めで、どこからどこまでが中で、どこから終わりになるでしょう」と聞いて、話し合いながら(1)(2)(3)の文章の切れ目に気づかせます。段落は、内容が変化したとき、時や場所が変化したときにつくります。話し合いの後で、このことを教えます。

こういう指導をつづけていくなかで、段落意識は少しずつ身についていきます。この段落の認識力は、ことがらを構造的にとらえるための大きな力になる思考力です。書く前に構想を立てる指導ができるようになると、この力はいちだんと伸びていきます。

④文体

文体というのは、ふつう常体と敬体のことをいいます。「志賀直哉の文体は……」というようなことは不必要です。「だ。である。いく。読んだ。」というような常体表現を「です。であります。いきます。読みました。」というような敬体表現として書ける力があって、作文に敬体なら敬体で統一して書くことができるようにしたいと思います。そこで、つぎのように書きかえさせる授業も必要です。

〈常体から敬体へ〉

・食べる　→食べます

・そのとおりだ　→そのとおりです

・来るだろう　→来るでしょう

〈敬体から常体へ〉

・きれいですね　→きれいだね

・ごらんになりました　→見た

・です　→である

⑤比喩表現

文章のなかに、比喩を使って書くことができるようになると、作文はたいへん豊かなものになります。比喩は「……のように」「……のようです」「……みたいに」という書き方が一般的です。

ところが「ママはおにのようなかおで、おこりました。」「ゆきみたいに白い花がさいていました」というような比喩は新鮮味がありません。いちおう、こういう表現があることを知って言いふるされた比喩を使うようになったら、もっと個性的な表現をさせたいと思います。

・きいちゃんのうたは、こくごみたいね。（音階意識がとぼしく平板に歌うときの比喩）
・いく子ちゃんがパンジーみたいにしている。（三色の服を着て、かわいい顔をしている比喩）
・ががいも（パンヤ）はとりみたい。そらにはいった。（パンヤが空に飛んでいくときの比喩。「パンヤのとりが……」というと暗喩になり、「パンジーのいく子ちゃん」というと暗喩になります）

こんな、自分のことばとしての比喩表現を育てて、豊かな作文が書けるようにしていきたいものです。

⑥過去のことを現在形で書く

生活体験を書くと、みんな文末は過去形になりますが、過去のことであっても現在形で書いてもいいのです。すると臨場感があって生き生きとした表現になります。

こういう力を身につけるには、鑑賞文を用いて、こういう書き表し方があることを理解させ、じっさいに使うように指導します。

わあ、
　　あさがお

つるがのびた。
外にむいている。
あさがおは、よるねないで
つるがのびている。
あさがおは、いつねるの。

つる

つるが
たけのさきのほうまで
はみでてる。
つかまえるところがないかな、
とかんがえているみたい。
つるさ、
さきのところに目があるみたい。

詩はこのように「外にむいていた」と書くところを「外にむいている」と描写する表現をよく使います。「のびていた」と書くのを「のびている」と書いています。これらはやや説明的常体表現の現在形という感じもしますが、やはり過去形で書くところを描写する現在形とみるほうがいいと思います。

作文の場合も、現在形表現を使うことができるように、鑑賞作品を用いて指導し、じっさいの表現に結びつけていくようにします。

「きょうしつに、はいりました。わたしのはちのあさがおがさいています。むらさきです。わあ、きれい。わたしはランドセルをしょったまま、あさがおのところに行きました。まどをあけました。すこし、かぜがきました。あさがおが、ちょっとゆれています。よろこんでいるみたいです。わたしは、いつまでも見ていました。すると、てつやくんがきました。……」

こういう表現ができるようになるとしめたものです。あまり考えないで、自然に現在形を使っている表現力が身についているからです。

⑦センテンスの長短・表現のパターン化

「おふろにいきました。せっけんをもっていきました。シャンプーをもっていきました。下ぎももっていきました。てぬぐいももっていきました。ふろにはいりました。あがりました。あたまをあらいました。からだをあらいました。足をあらいました。ふろをあがりました。てぬぐいでふきました。パンツをはきました。下ぎをきました。ふくをきました。かえりました。」

これは、ほとんど二語文のセンテンスで書かれています。こういうタイプの作文は、じつにたくさんあります。この表現をくずして、もっと変化にとんだ長短のセンテンスで書けるようにしたいと思います。そのためには、日常の話しことばを文章化させるように、お話しするように書こうと呼びかけて、じっさいに話すように書く授業をしたいと思います。

「きのう、ぼくね、ひとりでおふろにいったの。いくときね、てぬぐいと、パンツと、ようふくと、ズボンと、せっけんと、シャンプーともっていったの。おふろにはいったら、すごくあつくて、ぼくはすぐあがりました。そして、あそんでいたの。それから、またはいったけどまだあつかったから水をどんどんいれていたら、どっかのおじさんが、もうとめなといったのでとめた。こんどはあたまやからだをあらったの。そして、あがってからパンツはいてね、シャツをきて、ふくをきて、おふろやさんのいり口で、くつをはいて、うちにかえったの。おわり。」

話すような調子で書かせると、このように長短のセンテンスで、文のパターン化がくずれます。文の形は考えの形ですから、多様な文の形で表現できることは多様な思考ができるようになるということです。「ので」「けれども」「たとい」などという接続語や副詞などが、センテンスに入れて書けるようになることは、事実や真実をとらえる表現力として大切にしなければなりません。

こうして、話しことばで書くということが身につくと、この表現の形でしか書けなくなるという傾向もあります。話しことばと文章語は質的なちがいがあります。センテンスのパターンがくずれて、考えに即して書けるようになったら、やはり文章語（一般的な敬体表現）で、説明や描写も加えた書き方ができるようにしていく必要があります。

ところが、表現というものは内容が決定します。そこで、どのような生活をさせるかということが大きな問題であり、また、日常の小さなことであっても細かくとらえて書く力を身につけていくことが大切な指導の内容になります。どのような生活をさせ、どのように取材させるかということは、すでにのべましたので、ここでは細かくとらえて書くことに少しふれおきたいと思います。

朝顔を観察するにも、朝顔にかかわる生活を細かにとらえさせることで、平板さやパターン化を乗りこえさせることができます。

あさがお　　　　　　　　　　　いとう　てつや

きょう、あさがおのたねをまきました。じょうろで、水をまきました。30分かかりました。

「バナナのたねをまくと、バナナのめがでますか。」

と先生がいいました。ぼくが、

「でるよ。」

といいました。

「チョコレートをまくとでるか。」

といいました。幸一くんが、

「でる。」

といいました。ぼくは、

「でない。」

といいました。

「幸一くんを土の中にいれると、幸一くんのめがでて、幸一くんがいっぱいなるかな。」

といいました。ぼくが、

「こうちゃんが、なる。」

といいました。ぼくが、

「土の中にいれて、水かけてあげる。」

といいました。幸一くんが、

「いやだ」

といいました。

あさがお　　　　　　　　　　いわつか　はつみ

江口先生が、あさがおのひりょうをもってきました。わたしは、

「なんという、ひりょうですか。」

とききました。先生がこくばんにハイポネックスとかきました。

「水でうすめてつかうひりょう。」

といいました。

わたしは、

「ハイポネックスを、あさがおはどこですうの。口もないのに。」

とききました。幸一くんがあさがおに
「ストローもってるか。」

とききました。てつやくんが、わらいながら、

「コップ、もってるか。」

とききました。わたしは、

「そんなもの、もってるわけないでしょう。」

といいました。でも、どうやって水をのむのかふしぎです。

ひる休みに、てつやくんが村井先生をよんできました。村井先生は、りかの先生です。てつやくんが、

「あさがおは、どうして、ひりょうをのむの。」

とききました。わたしも、

「口がないのに、どうしてたべるんですか。」

といいました。

村井先生は、

「むずかしいなあ。」

といいました。そして、村井先生は、かみに水をいれてぽとぽとおとしました。

「こうして水がでるからのめるんだよ。」

といいました。それから、外から草をひっこぬいてきました。そして、

「このほそいところで、ひりょうをすうんだよ。」

といいました。村井先生はかみをくしゃくしゃにしました。

あさがおは、どうしてひりょうをたべるか、わからなくなりました。わたしは、たべているところがみたいです。

あさがおに、ハイポネックスをやりました。

はちに、みみをつけて、ひりょうをのんでいるか、ききました。チュッチュッと音がしました。おいしそうに

のみました。幸一くんが、先生に、

「あさがおは、おしっこするの。」

とききました。わたしは、

「あさがおは、おちんちんがないから、おしっこなんて、でない。」

といいました。幸一くんは、

「水をのむと、おしっこでる。」

といいました。

わたしは、わからなくなりました。あさがおのおしっこは、くさいのかなあ。


細かに生活を見つめて書くと、朝顔を育てた、ある日、ある時の、ひとこまも、このような作文になります。こういう日のことは、長い人生に一回しかありません。毎日、毎日、わたしたちはこのような一回かぎりの生活体験をしながら生活しています。ふろにはいるのも、食事をするのも、一回一回ちがいます。この一回かぎりの生活のひとこまを細かく書くように指導して、豊かな表現力を身につけたいものです。

授業15　詩を書く

詩というのは、高度な表現力を必要とするものではありません。大人も子どもも、知的に障害があろうと、なかろうと、人間の真実な心の表現はすべて詩なのです。

(1)あっ、きくがさいている。きくはねないで、さいていたのかな。
(2)あっ、おじぎそうがしぼんだ。おじきそうが、もうさわらないかなと、おもっているよ。
(3)あっ、いしいくんだ。はだしであそんでる。いしいくんは、おとうさんも　おかあさんも　いません。
(4)ひがんばながさくと、たんぼのあぜみちがよくわかる。
(5)ちょうちょは、どろにうつったかげまでとんでいます。
(6)うしはいいなあ。はっぱがみんなおやつだ。

(1)から(3)までは、わたしの学級のものです。(4)から(6)までは、大野英子先生の学級のものです。みんな障害児学級の三年生、四年生の子どもの詩です。

子どもたちは、こんなことばをたくさん周囲にまきちらしながら生活しています。わたしたちは、こんな言葉を聞きとって「いま言ったことを書いておいてね」と言って書かせたいものです。それらは、りっぱな詩です。

(1)から(3)までは、みんな「あっ」という感動詞がついています。これは、わたしが「あっ、おやっ、あれっ、あらっ、おっ、おやっ」などと言ったときのことばを書こうと呼びかけて詩の指導をしてきたからです。(4)(5)(6)の大野先生のところの詩も、いちばん上に「あっ」とか「ああ」などという心の中のことばがあったのですが、書くときにこれを省いているのです。(1)から(3)までも「あっ」を省いて書いていいのです。そして題名をつけ、横に行かえさせて、数行に書かせると、詩作品になります。

詩の指導には、つぎのような大きな教育的意義があります。

①心の自由な表現を活性化して、生き生きとした子どもにすること
②感受性や想像性や直観力を伸ばし、情緒の豊かな子どもにすること
③子どもの心の奥から出てくる言葉にふれて子どもを深く理解していくこと
④物事の見方、感じ方、考え方を豊かにし真実なものにしていくこと
⑤日本語を豊かに、正しく、美しく、身につけていくこと

そして、詩の指導には大きく分けると四つの分野があります。この指導分野は障害をもっている子どもも十分に表現できるものです。

第一は、言わないではいられなくなって、思わず言った、つぶやき、うったえ、自己主張、要求などの表現です。最初にあげた六つの作品はすべてこの分野のものです。この表現を大切にしていく教育的な意味は深く、一人ひとりの子どもを大切にしていく実践そのものです。この実践にあたっては「思わず言ったことばを思い出して、そのまま書きましょう」という指導語ですすめていきます。

けいどろ　　　　　　　　　　五年　松永幸一

せんせい
早くおいで。
けいどろ早くやろうよ。
天気がいいから
おそとにでなくちゃだめ。

早くやろうよ。

子どもたちは、こんな作品をたくさん書きます。そして、声に出して言ったことを書いていくなかで「声に出して言っていないことを、お話しするように書いていいよ」と話して、手紙ふうに書かせていくことへ発展させていくようにします。これは書き出しのところが「せんせい、あのね、」「おかあさん、あのね、」というような発想になります。やがて、この一行は省いて書かせるようにします。人間への語りかけだけではなく、これは外界のすべてのものにかかわって書くことのできる発想です。

はと　　　　　　　　五年　松永幸一

はと、おいで。
ぼくの手にのって
パンたべてみな。
ぼくこわくないよ。
ぼくやさしいよ。
はやくぼくの手においでよ。
こないと、おこるよ。

第二は、自分の生活行動の体験的感動を書く詩です。この詩は「自分が何かしたことで、心に強く残っていることを書こう」という指導語になります。表現はだいたい「ました。ました」という過去形になります。

これは生活感動の中心を書くのですから、「おもしろかった、くやしかった、うれしかった、がんばった、おこった、かなしかった、はずかしかった」というような感動がテーマになって、その場面が形象化されなければなりません。だから「おかあさんは、やさしい。でも、ときどきおこります。」「じしんはこわい。かみなりもこわい。」という係助詞の「は」を使った説明的表現ではなく、格助詞の「が・を」を使って心に残っている場面を形象的に書かせるほうがいいのです。

おとこのこ

五年　まつだ　みすず

4ねんのおとこのこが
いじめました。
いしおなげました。
わたしがぼうるもっていたら
あしでけりました。
わたしはなきました。
こませんせんに
ぼうるかえしました。
おとこのこわ
ごめんなさいも

いいませんでした。

はなあぶ　　　　　　　　　　　　　　五年　まつだ　みすず

かねだくんが、
とってくれました。
がらすびんで、とってくれました。
るーぺで、みました。
かおが、かわいいよ。
くちが、とがっているよ。
ぱんだみたいだよ。
あたまがくろいよ。
まんなかが、くろくない。
さむらいです。

生活の事実を書くことは、生活と現実を正しく認識するうえできわめて大切なことです。けんかしたこと、なかよくしたこと、何かを買ったこと、手伝ったこと、遊んだこと、叱られたことなど、この事実描写をさせることで自分の生活のしぶりも、まわりの事実も見えてくるようになるのです。

人間理解も自然認識も社会認識もこうして正しく深められていきます。

第三は、外界をよく見て、新しく気づいたこと、発見したことなどを書かせることです。いわゆる観察力をはたらかせた詩です。この詩は「よく見て、新しく気づいたことを書こう」という指導語ですすめていくようにします。

ところが、観察するということは、ただじっと見ているだけの認知活動ではありません。対象にはたらきかけたり、比較してみたり、変化を調べたり、それと遊んだりするなかで生まれてくるのです。こういう対象とのかかわりを豊かにしながら、この詩の指導をつづけていきたいと思います。

こい

四年　もりおか　ひろふみ

こいが、ぼくのパンをたべました。
ろけっとみたいに
ぱくっとたべました。
しっぽはぶるぶる。

はきだめぎく

四年　荒川　竜也

なまえわきたない。
はながちいさい。
きたない。
ルーペでみました。

はながおおきい。
はびら5
さき3
まんなかきいろい
ぼくわ
はきだめぎくが
すきになった。

荒川君の作品は、よく見ることによって、対象のとらえ方が今までとはちがってきたことを書いています。概念的に、きたないものと思っていた自分の感覚を、よく見ることによって先入観や偏見を排して真実をとらえた詩ということができます。はきだめ菊は、本門寺公園の落ち葉をためてあるところに落ち葉のごみを花にくっつけて咲いていています。しかし、ルーペで見ると、じつにきれいな花です。こういう見方を大切にしたいと思わないではいられません。

詩はけっして高度な表現力を必要とするものではありません。「真実な言葉であることが、詩のすべてである」と定義づけてもいいほどです。二条良基（一三二〇―一三八八）は永徳三年（一三八三）に執筆した「十問最秘抄」に「いかに萬葉、古今以下を空に覚えたりとも、連歌面白からずば、只隣の寶をかぞへたるがごとし。一文不通の者なりとも、連歌堪能ならば、我と寶を得たるがごとく成るべし。されば、萬葉、古今にも、白拍子・ながれの君、又古き歌に、乞食者などの歌もいれり。是皆句を賞する故なり。連歌面白く成りて後の才覺は、又、尤もしかるべし」(日本古典文学大系66、岩波書店）と書いています。連歌の面白さについては「邪なからむ」と説いています。つまり、知性や才能によらなくても邪心のない表現であれば、すぐれたものであり、宝物であるとしています。これは日本の文学の大切な伝統です。

わたしは「知恵のおくれた子」ということばを乞食者のあとに書き加えてもいいと思います。二条良基は大きくうなずいてくれることでしょう。障害をもっている子どもたちにこそ詩を書かせたいものです。

機屋で働くお母さんのことを書いた京都府立与謝の海養護学校のつぎの詩などは、このことをみごとに証明してくれていると思われます。

おかあさん

与謝の海養護学校小学部六年　山下かおり

おかあさんは
はたや　いっとった
おかねもうけ
はたやで　がんばっとる
おかねが　もうからへんで
わたしらあが
大ちゃんらあが
おかねつかうで

（指導）吉田悦男先生

こうした詩精神の基本に立って、もっと表現力を高めていく指導をしなければならぬことは「尤もしかるべし」と理解して、よい指導をつづけていきたいと思います。

第二章　障害をもつ子どもの国語教育の歴史と現状

一　この子どもたちの国語教科書への視点

思えば、不思議なことです。

障害をもつ子どもたちに、普通学級で使っている教科書で国語教育をしていこうと思っても、それはとてもできることではありません。では、全国の各教室では、どのような教材で、どのような指導がなされているのでしょうか。

ある学級では、わら半紙に印刷してとじた先生の手製によるものを教科書がわりに使っておられました。ところが、一人ひとりの子どもの発達がちがうので、それぞれの子どもにみあったものを作るとなると、いったい、どのように作っていけばいいのかわからないと嘆いておられました。これはまた国語科だけではありません。

この状態はわたしの学級でも同じことでした。一人ひとりの子どもに即した教材を週ごとに作成してプリントで指導してきましたが、それは数百種類に及び、保管することもできなくなりました。それらを分類し整理して有効に活用していくことはとてもできない状態になりました。

そのうちに一九八〇年を迎え、この膨大なプリントを整理して、池上小学校の障害児学級の教室でそのエキスを系統だてて、教科書ふうに作っておけばいいのではないかと考え、手製の教科書作りをはじめました。

教科書ですから、カラーのさし絵が必要です。また、厚いものでなく、あまり長期の指導ではなくてマスターできる、うすいものにしたいと思いました。さらに、この子どもたちには、きめの細かいステップで進めていかねばりません。そこで、作りはじめると教科書はかなりの冊数になります。この教材研究と教科書作製には、どれだけ時間があっても足りません。

各分冊を系統的に体系化するには、実践的研究が必要です。教科書のさし絵かきを進めながら、「助詞はどういう順序に使えるようになっていくのか、統計的な分析研究をしておかねばならない」とか「助動詞は……」というような課題が出てくるので、さし絵かきは、しばらくおいて、この子どもたちの文法意識の検討をはじめたりしました。

さいわい、わたしたちの学校では一五年間の子どもたちの話したことばや書いたものが全校児童詩集「いけがみ」のなかにおさめられています。これに加えて、いま在籍している子どもたちの話しことばや日記をもとに、いちおう体系化できるところまで進めることができました。

しかし、一冊一冊、教科書を手で書いて作っていくことは容易なことではありません。

もう、夕焼けも消えて、すっかり夜になった教室で、

「ああ、時間がほしい。ああ、時間がほしい」

と、毎日つぶやきつづけていました。

こんなある日、出版社の方がこのことを聞いて「出版してみては」という話をもちこんできてくださいました。

そうだ。出版社で作ってもらえば、一冊一冊、こうやって作る労が省ける。そして、大量生産ができるので、全国の子どもたちも使うことができる。まだ自信のある内容ではないので、出版は早すぎると内省しながらもさ

らに検討を加えながら出版することにふみきりました。

思えば、不思議なことです。

日本の国語教育は明治以降、営々ときずかれてきながら、ちえのおくれたこの子どもたちのためには、国語教科書ということでは東京書籍から文部省編として出されたもののほかは、何一つして来なかったといっても過言ではありません。

このことは、また、けっして不思議なことではなかったのかも知れません。つまり、眼中になかったのですから。

しかし、この子どもたちに、ことばの力を身につけ、生きる力をもたせることは、憲法と教育基本法の実質化をめざすものです。

憲法第二六条には、こう書かれています。

第二六条　教育を受ける権利と受けさせる義務

① すべて国民は、法律の定めるところにより、その能力に応じて、ひとしく教育を受ける権利を有する。

② すべて国民は、法律の定めるところにより、その保護する子女に普通教育を受けさせる義務を負ふ。義務教育は、これを無償とする。

また、教育基本法第三条には、こう書かれています。

第三条（教育の機会均等）

① すべて国民は、ひとしく、その能力に応ずる教育を受ける機会を与えられなければならないものであって、

人種、信条、性別、社会的身分、経済的地位又は門地によって、教育上差別されない。

②　国及び地方公共団体は、能力があるにもかかわらず、経済的理由によって修学困難な者に対して、奨学の方法を講じなければならない。

また、児童憲章の四条には、こう書かれています。

4　すべての児童は、個性と能力に応じて教育され、社会の一員として責任を自主的に果たすように、みちびかれる。

そして、国際障害者年のめざしたものは、「障害者の全面参加と平等」にむけてのとりくみでした。

障害をもつ子どもたちは、ほとんどの子どもが、ことばの力が不十分です。ところで、ことばの力というのは生きる力に直接的につながっていて、教育の基礎基本としてたいへん大事なものです。

障害をもつ子どもたちの国語教科書ができるということは、なんとうれしいことでしょう。わたしは、全国の障害をもつ子どもたちとその先生がたと共にこの出版を喜び合いたいと思います。

わたしは、この三十年間、普通学級の国語教科書の著者として執筆してきました。（現在は日本書籍）いま、わたし自身、心身障害学級を担任しながらこの子どもたちの国語教科書を執筆しなかったことは、怠慢であったと反省しています。しかし、わたしは全障研の機関誌『みんなのねがい』に国語教育について五年間連載して、『ことばの力を生きる力に』（民衆社刊）という二冊の本にまとめることができました。これを、この教科書作りの基本的なよりどころにすることができたことは幸いでした。

二　障害をもつ子どもたちと日本の国語教育

日本の国語教育は、明治以来じつに長い歴史を経て今日にいたっています。

明治の国語教育は、単語の指導からはじめるワードメソッドの時代でした。国語の教科書は、明治五年に単語篇三冊、明治六年に連語篇一冊、同年に会話篇一冊と読本四冊、明治七年に読本六冊が刊行されました。これらは明治二十年ころまで使用されました。単語は漢字から学習させ、話しことばを指導するとともに、綴方（かなづかい）、学習（てならい）、書牘《とく》（てがみ）、文法の指導もしました。

明治十四年になると「伊呂波図」「五十音図」「濁音図」「次清図」（半濁音）を指導して単語の指導に進み、短句の学習をするように系統だてました。明治三十三年になると「トリ」「ハト　アリ」「ハタ　タコ」「コマ　タイコ」「イネ　カマ」「フネ　アミ」「アメ　カサ」「マツ　アサヒ」「ミコシ　トリヰ」「クシ　ト　カガミ」……「ウサギガ ヤスム。カメガ　イソグ。」「ヱヲ　カク。」「ホンヲ　ヨム」「ソロバンヲ　ハジク。」などと系統化し、かたかなを習得させてからひらがなの学習をするようにしました。

さらに、明治三十六年、日本書籍株式会社発行の「尋常小学読本」は「イ」（いす）「エ」（えだ）「ス」（すずめ）「シ」（いし）「シ」（しか）「ヒ」（ひと）「ズ」（すずり）「ジ」（にじ）「ツ」（つき）「チ」（はち）「チ」（くち）「キ」（きり）「ニ」（にぐるま)「ヌ」(いぬ)「ク」(くし)「タ」(たる)「ダ」(だいこん)「ラ」(ランプ)〈(　)内はさし絵〉などと、かたかなの一字一字を教え、「ヒトガ　ヰマス。イヌガ　ヰマス。カラスガ　ヰマス。ウシガ　ヰマス。」というような文に進み、かたかなの五十音表を教え、ひらがなの学習にすすむように系統だてました。

明治四十三年には、「ハタ」「タコ」「コマ」「ハト」「マメ」「コトリ」「タマゴ」「ハカマ」「ハオリ」……「シカノ　ツノ　ウシノ　ツノ」「サルト　カニ」……「タケニ　スズメ」「ヤナギニ　ツバメ」「イケニ　フネ」……「クロイ　ネコ　シロイ　ネコ　クビニ　スズ。」「アカンボガ　ネテ　ヰマス。オカアサンガ　ダイテ　ヰマス。」というような単語から文への読本になりました。そして、大正七年から昭和七年までは「ハナ」「ハト　マメ　マス」「ミノ　カサ　カラカサ」「カラスガ　ヰマス。スズメガ　ヰマス。」「ウシガ　ヰマス。ウマガ　ヰマス。ウシト　ウマガ　ヰマス。」「ハサミガ　アリマス。モノサシガ　アリマス。ヒノシモ　アリマス。」という単語から文へ進む教科書が使用されました。

そして、昭和八年からは「サイタ　サイタ　サクラガ　サイタ」「コイ　コイ　シロ　コイ」「ススメ　ススメ　ヘイタイ　ススメ」「オヒサマ　アカイ」「アサヒガ　アカイ」「ヒノマルノ　ハタ　バンザイ　バンザイ」という「サクラ読本」が使われました。これは文からはじまるセンテンスメソッドの国語教育論に立ったものでした。そして、昭和十七年から二十年までは国民学校教科書が使用され、国語教育の理論よりも国家主義思想教育を重視した教科書になりました。

わたしは、ここに一年生の一学期の文字の提出順をややくわしく引用しましたが、これは低学年国語教育を見るだけでなく、これから考えようとする障害をもつ子どもたちの国語教科書はどのようなものでなくてはならないか、ということを検討する一つの資料にもなるからです。戦後は、

おはなを　かざる
みんな　いい　こ。
きれいな　ことば、
みんな　いい　こ。
なかよし　こよし、
みんな　いい　こ。

と、ひらがな先習の童謡ではじまる「みんないいこ読本」が昭和二十二年から二十五年まで使用され、以後は検定教科書になりました。

この間、国語教育方法論としては、明治初年から三十二年までは誦読と講義による暗誦主義教育といってよいものでした。指導段階としては五段階教授が採用されていました。

予備＝教材への関心を高める話と難字難句の指導
提示＝教師の範読と生徒の誦読
比較＝文法的な理解の指導
概括＝暗記暗誦の指導
応用＝調子よく暗誦できるようにする指導

この形式主義国語教育はしだいに国民教育の基礎としての国語教育観へと移り、教材はやさしくなり、教材内容を理解させることに力を注ぐようになり、綴方は「教科目に於て授けたる事項その他」を記述させるという取材内容を規定するものになりました。明治三十三年から明治四十年ころまでは、このような内容重視の国語教育となり、国語学者上田萬年《かずとし》が一八九五年（明治二十八）に『国語のため』の冒頭で「国語は帝室の藩屏なり」とのべたように『日本国語』は皇室国家の守りであるという精神で日露戦争勝利の一翼としての任務をもったものでした。これは明治二十三年の教育勅語と一体の国語教育でした。明治三十七年からは、終戦直後までつづく教科書国定時代がはじまりました。

この日本資本主義の形成期と富国強兵の教育理念のなかでは、障害児は教育を施すべき範囲に在らざる者として放置され、軽度の障害児は「特別学級」として、知的教育の場から隔離されて労働に従事させるような状況が出現しました。このような障害児にたいする処置は大正デモクラシーの中でも大きな進展を見ることはできませんでした。だから、障害をもつ子どもたちの国語教育について考えるようなことはどこにも存在しませんでした。

一九一八年（大正七）第一次世界大戦が終わり、平和主義、民主主義、自由主義、社会主義などの教育思想が教育現場で実践されるようになっても、日本の国語教育は障害をもつ子どもたちの問題に目を向けることはありませんでした。大正の初期から太平洋戦争がはじまるまで、国語教育史上特筆すべき「形象・解釈」の読み方教育が全国を風靡しました。また一九一八年には児童雑誌『赤い鳥』が創刊され、一九二九年には生活綴方教育の雑誌「綴方生活」が創刊されました。しかし、これらの理論と実践のなかでも、障害をもつ子どもたちの読み方教育、綴り方教育、児童詩教育についてはほとんど言及されませんでした。ただ、花田春兆の学んだ光明養護学校などで文集をつくる教育実践などがわずかに点在したにすぎませんでした。それは、この教育の内容や方法については、現場的体験がなくては考えることができないという条件や制約もあるからだと思われます。

そして、戦後、一九四八年の世界人権宣言にはじまる、ＩＬＯ、ＷＨＯ、ユネスコなどの活動とともに、わが国でも障害をもつ子どもたちの発達保障の運動が急速に前進し、一九七九年、ようやく障害をもつすべての子どもたちの教育の義務制が実現しました。しかし、その内実はまだ不十分であって、この子どもたちの教育条件と実践、医療、福祉などにわたってさらに大きな研究と運動を展開していかねばならぬと考えられます。

近年、自閉症の増加をはじめとして、子どもたちの障害は重くまた多様化してきています。わたしたち教師は、この子どもたちを前にして、ともすれば無力感におそわれることもあります。それでも、わたしたち教師はこの子どもたちの成長の可能性を、その日々の姿の中にリアルにとらえて、人間的で科学的な実践を力強くすすめていくエネルギーを仲間とともに、親たちとともに、そして子どもたちとともに燃やしつづけていきたいと思います。これが障害をもつ子どもたちの教育にかかわる教師としての唯一の正しい生き方ですから。

この教育のなかの一つとして、ことばの力を生きる力として育てていく、障害をもつ子どもたちの国語教育について、わたしは多くの方々とともに考え合い、ともに実践していきたいと思います。

この場合、わたしたちが実践的に生み出していくことが研究の中心的なものになりますが、日本の国語教育の、とくに低学年の指導がどのように考えられてきたかということを調べてみることは、一つの大事な視点だと思われます。さらに、幼児の言語発達にも視点をおいて、現実の障害をもつ子どもたちのなかから実践のあり方をさぐっていきたいと思います。障害をもつ子どもたちの国語教育の内容と方法については、歴史的にみても、現実的にみても、わたしたち現場人が自主的に民主的にすすめていかねばならぬものであるといえます。

三　文字・文化・教育

五百万年ほど前、人間はまだ音声言語も所有しないで、サルにちかい生活をしていたと言われています。鳥やけもののなき声のような、妙な叫び声をあげながら山野をかけまわっていたようです。この期間、人間の文化はほとんど発達しませんでした。

人間が動物の骨や石などで作った道具を使うようになったのは、二十万年くらい前からだと言われています。この時代の人間を原始人とも言っています。このころ、まったくの想像にすぎませんが、この人間たちは力を合わせて重いものを動かしたり、動物とたたかったりするときなど、いくつかのかけ声のような共通の音声言語をもっていたのではないかと思います。そして、このような合図の声が次第にことばになっていったのではないでしょうか。共通に理解し合う音声言語をもつようになると、身ぶりや手まねでなく、ことばで自分の経験や考えを相手に伝えることができるようになります。親は子どもたちに、動物に追いかけられたりするときの逃げ方や、魚をとる方法などを、夜のくらい穴の中ででも話してやることができるのです。「身ぶり語」は昼しか役に立たないけれども、音声言語は見えない相手にも自分の思っていることを伝えることができます。この時代のことについて、ミカエル゠イリーン（イリヤ゠ブレビッチ゠マルシャーク）とエレーナ゠セガールは、

「初めのうちは、舌ものども、思うようには回らなかった。一つの音と別の音との区別も難しかった。音を出すと、すぐ叫び声、うなり声とごっちゃになった。人間が舌を屈服させて、一語一語きっちりと発音させるようになるまでには、少なからぬ時が流れた。それでも、初めは舌は手を助けるだけであった。ところが次第にはっきりと、またしっかりと話すことを覚えてくるにしたがって、舌はだんだんオーケストラの第一バイオリンの役目を引き受けるようになってきた。手ぶり語のつつましやかな助手にすぎなかった発声語は、第一線にのし上がった。口の中の舌の動きは、ほかの身ぶりに比べて、いちばん目につかない動きである。だが舌の動きには、それを聞くことができるという、優れた性質がある」

と書いています。

そして、音声言語が自由に使えるようになったとき、人類の文化は急速に発達しはじめたのです。

このことを子どもに移して考えてみると、自分の思っていることが下手な身ぶりで通じないために、大声で泣いていたのに、人にわかる音声言語を所有すると「ここ、いたい」と言って、指にさったとげをとってもらうというような、さまざまな生活面での急速な成長の姿としてとらえることができると思います。

ところで、人間にとって文字というものがどれほど大切なものであるか、それは、この世界に文字がない状態のことを考えるとよくわかります。

文字がなければ本も新聞もなく、学校教育もなく、計算はできず、時刻表もなく、文化、政治、経済などのあらゆる活動が止まってしまいます。この人間の世界は破滅してしまいます。文字は人類の生存を保障しているものので、現代は、太陽や水や食物と同じように絶対的な価値をもっています。

もはや、人間にとって文字のない生活というものは考えられません。文字の習得は、人間として生存することから、真に人間として誕生することでもあります。

文字は古代の四大文明の発生地といわれる、メソポタミア・エジプト・インド・中国で発明されました。文明がこの四つの地方にすすんだから文字がこれらの地に出現したとも考えられ、また、ここに文字が発明されたから、文明がすすんだとも考えられます。

ティグリス・ユーフラテス川の下流にある都市の遺跡は、メソポタミア文明といわれ、前四〇〇〇年紀の末に、スメール人という民族によって、クサビ形文字が発明されました。

この地方には良質の粘土があって、スメール人は、アシで作ったペンのようなもので、粘土にクサビ形（▽）の記号で文字を刻みました。この文字はひろく中東にゆきわたり、前三〇〇〇年紀には、アッカド人、バビロニア人、アッシリア人などのセム族に、そして、前七世紀ごろにはペルシャ人もこのクサビ形文字を使用し、表意文字を少なくして表音式化して使うようになりました。

しかし、このクサビ形文字は今日の世界に生きてはいません。ペルシャの没落とともにこの文字も亡びていきました。

ナイル河流域に生まれたエジプト文字は、前四〇〇〇年ごろ、象形文字からはじまり、行書や草書も使用されるようになりました。それは一つひとつの文字を象形文字で書くことがたいへんだったからです。エジプトの文字は、有名なロゼッタ石のように石に刻まれたものもありますが、ナイル河の三角洲地帯にあるパピルスから紙を作って、ペンとインクで書かれるようになりました。この紙に文字を書くことをはじめたエジプト人の功績は偉大です。

しかし、エジプト文字は複雑で不便だったのでしだいに使われなくなっていきました。

インドの都市遺跡からも文字らしいものが発見されています。印章文字といわれるものですが、何を書いてあるのか解読することができません。このほか、メキシコで発見された一種の象形文字のようなものも、エジプト文字が変化したと思われるシナイ半島（エジプトとアラビアの間）で発見された碑文なども今日なお不明のままです。

中国では、四〇〇〇年から五〇〇〇年くらい前に文字が発明されたようです。亀の甲やシカの肩の骨などに刻まれた絵文字、いわゆる、うらないに用いられたと考えられている甲骨文字、青銅や石に刻まれた金文《きんぶん》などが発見されています。これが漢字のはじまりであることはいうまでもありません。

このように、人間は古代文明の中に文字を使っていたことがわかっていて、文字を発明するときには、すでに豊かな話しことばをかわしていたことは十分想像することができます。

日本は中国から漢字を取り入れて、これを変形して日本の文字にしました。いっぽうローマ字は、エジプトの象形文字やメソポタミアのクサビ形文字などからフェニキア文字が生まれ、これはギリシャ文字になり、こうしてできたものと考えられています。

いま、世界では、ローマ字、漢字、ロシア文字、アラビア文字、サンスクリットの文字、モンゴル・タイ・ビルマ・ギリシャ文字、ヘブライ文字、韓国のハングル、日本のかたかな・ひらがななど、いろいろたくさんの文字が使われています。

これらの文字は、いつごろ、だれが、どうして作ったかということは、よくわかりません。絵文字のなかには、絵であるのか文字としてみるべきか、よくわからないのもあります。

しかし、とにかく長いあいだかかって、改良に改良をかさねて、人間は、今日わたしたち人類がもっているさまざまな文字を作りだしました。

この長い過程がどのようなものであったかということについて考えることは、ことばを習得していく過程を考えるうえで重要な問題を提出してくれます。

このことを子どもに移して考えてみると、話しことばを習得した子どもが、文字言語による活動ができるようになることは、身ぶりや表情などで伝えることができないので、話しことばよりも厳密さと配慮が要求され、一つひとつの単語も、文や文章の構想にも知的な力量が必要となり、考える力が加速度的に成長していく姿としてとらえることができるのです。また、ことばには、伝達の機能と思考の機能があり、思考の機能には、自分を見つめ、外界を見つめ、自分の生活をコントロールしていく機能もあります。そこで、子どもたちは書くことによって、自分をいっそう早く確実に成長させていくということになります。

人間がつくり上げてきた文字文化を、わたしは障害をもつ子どもたちに、できるだけ早く習得させ、子どもたちの成長を保障するようにしていきたいと思わないではいられません。

事実、文字を習得して詩や作文が書けるようになると、子どもたち一人ひとりが、それまでとは見ちがえるように成長します。それ以後の成長は、人間の文化の歴史のように速度を加えていくように思われます。

わたしは一年生を担任したときいつも、早く発音の指導をして、文字を習得させ、絵本や文学作品を楽しんで読む生活ができるようになり、一日も早く詩や作文が書けるようになってほしいと考えて指導します。そして、その指導は楽しく展開していかねばならないと思います。

子どもたちが書く詩や作文は、子どもたちが創造する日本の文化の一つです。そして、そこには、さまざまな、はかり知れない教育的価値があります。子どもたち一人ひとりには表現の喜びがわき、それをもとに話し合うことによって、人類の基本的な能力である話し合う力を伸ばし、文字の習得は過去や未来のこともよく考える力を育て、書かれた内容と表現に親も教師も喜び、子どもと生きる力を共有し合っていくことができるのです。

話しことばは家庭生活や社会生活のなかで習得していくことができるものです。しかし、文字文化は学校教育のなかでたしかな力となって育っていくものです。生まれつきどれほど天才的な能力をもっていたとしても、学校教育として文字の読み書きを学習しないことには、文字も文章も読めるようにはならないし、書けるようにはなりません。文字の教育は原理的には学校教育の独壇場です。また、学校教育の重大な責任の内容であり、子どもたちにとっては発達と学習の権利であるということができます。

文字が書けるためには、えんぴつを持ち、指先に力を入れて器用に動かすことができなければなりません。えんぴつがうまく持てなくて、鉄棒をつかむようなにぎり方をしては、なぐり書きはできてもうまく文字を書くことはできません。

まず、えんぴつは力を入れて書かねばならないので、動かせばすぐに線が書けるフェルトペンで書かせはじめます。これも、ピンク、みどり、黄色、青、紫など多様な色のフェルトペンを用意して、文字を書くというよりも、線で何かを書く楽しさを感じさせ、書くことに興味をもたせるようにします。これをしばらく続けて、よい持ち方で書けるようになったころ、えんぴつにかえていくようにします。

えんぴつにかえるとき、わたしはつぎのようにしました。これまで使わせていたフェルトペンは、もうかなり書いたので色がつかなくなってしまいました。子どもたちは、次つぎにフェルトペンをとりかえて、色のつくものをさがしながら、何かの形を書いていました。それは、どらえもんのようでもあり、線路のようでもあり、たくさんの線で書かれたもようのようでもありました。そして、どのフェルトペンを使っても色がつかないころ、わたしは4Bのえんぴつをわたしました。子どもたちは、何ごとか書く楽しさを味わいながら、こんどは4Bでなぐり書きをはじめました。この間、わたしはえんぴつのよい持ち方を習慣づけることに指導の重点をおきました。そして「まる、まる、まる」と言いながらまるをいくつも書かせ、つぎに「こんどは、ここ。こんどは、ここ」と言って、まるのかたまりをいくつも書かせました。

しかし、えんぴつを持って力を入れて書けない子どもがいます。指先に力がはいらず、筆圧のある線が書けないのです。このような子どもには、とくに指先に力を入れることができるように、いろいろな指導をしていくことが必要です。

折紙を折ること、おはじき遊び、あやとり、ボールを使うこと、砂遊び、ぶらんこ、ジャングルジムやのぼり棒につかまって登ること、積木遊び、きせかえ、粘土工作、セロテープをはる、鋲でとめたりはずしたりすること、オルガンをならしたり木琴をたたいたりすること、傘をさしたり、たたんだりすること、スプーンをうまく使って食べること、給食に出るみかんやバナナの皮をむくこと、牛乳のパックのふたをとりストローをさして飲むこと、はしを使って食べること、ぞうきんでふいたり洗ったりしぼったりすること、くつをはくこと、花壇に水をやったり小鳥に水をやったりすること、蛇口をひねって水を出したりしめたりすること、服の着脱、体育の道具やその他の使った物をかたづけること、本のページを一枚一枚めくること、クレヨンで絵をかくこと、ボタンをかけたりはずしたり、チャックをしめたり開いたりすること、消しゴムで消すこと、物や水を入れたバケツを持って運ぶことなど、思いつくままにあげても指先を使うことは学校でたくさんなされています。これらのことを、できるだけ子どもにやらせていくことで、指先は器用に動くようになり、また力もはいるようになります。

放課後の生活でも、家庭生活でも、手を使うことは限りなくあります。家庭でも、ふとんの上げおろし、歯みがきのチューブのふたをとり、ねり歯みがきをつけてみがくこと、歯ブラシをしまうこと、手ぬぐいをしぼったりひろげたりすること、食事の用意、あとかたづけと食器洗い、ふろで体全体を洗うこと、用便をして紙をちぎってふくこと、せんたく物を干したりとりこんだりすること、父母の肩をもんだり、買い物のお使いをすることなど、たくさんのことがあります。これらのことを日常的にやらせていくことが、手と指先の働きをしっかりしたものにしていくのです。物を見なくても手でさわると何であるかもわかるので手は目にもなるのです。だから、父母にもこのことをよく話して、家庭でも手をしっかり使うようにすすめていきたいと思います。

指先が器用に動かない子どもたちは、このように指導していっても、なかなかきれいな文字を書いてくれません。このとき、わたしは子どもの後ろに立って肩をかるくおさえ、

「よこー、もっと長く、よし。こんどは上から、もっと下、もっと下まで……」

と言いながら、書くほうへ指先に力を入れて、合図するようにして書かせます。すると、かなりうまく書けます。しかし、肩の手をはなすと、またその子の読みにくい文字になってしまいます。そこで、その子の前にいて、

「もっと上に、えんぴつおいて。もっと、こっち。よし。下に、下に、もっと下に。よし。ぐるっとまわして。うん、いい『し』の字になった」

と言って書かせたりしました。

つぎは、ことばをかけないで「うーん。うまく書いているかなあ」などと言って書かせます。すると、肩に手をおいたときより読みにくい字になります。そばに行かないで、一人で書かせると、もっと読みにくい字になります。だから、文字は意識的に書かせなければなりません。その方法としては、書いた文字について、どこがうまいか、どこがおかしいかについて話し合うことが大切です。

エンゲルスは『猿が人間になるについての労働の役割』のなかで、

「手は労働のための器官であるばかりではない。それはまた労働の産物でもある。労働することによって、次つぎと新しい操作に適応することによって、こうして獲得した筋肉、靭帯、およびもっと長いあいだにはまた骨の、特殊な発達が遺伝することによって、そして、この遺伝によってうけつたえたいっそうの巧緻さを、新しい、ますます複雑な操作にたえず新たに適用することによって、はじめて人間の手は、まるで魔法によるかのように、ラファエロの絵画やトルヴァルセンの彫像やパガニーニの音楽を生みだすことができるほどの高い完成度に達したのである」

「はじめには労働、ついでそれとともに言語――これが、猿の脳髄が、よく似てはいるがずっと大きくてもっと完全な人間の脳髄にしだいに変わっていくのをうながした、二つのもっとも重要な刺激である」

「脳髄とそれに奉仕する感官の発達、ますます明瞭さをましていく意識、抽象力および推理力の発達は、労働と言語とに反作用をおよぼし、この両者をたえず新たに刺激して、さらに発達させていった。両者の発達は、人間が猿から決定的に分離したところで終わらないで、その後も、民族や時代によってその発達の度合いや方向はさまざまに違いもしたし、ときには局地的、一時的に後退がおこって中断されたこともあったが、全体としては長足の進歩をつづけた」

と書いています。

もう少し細かく考えるならば、手がよく動くようになって話しことばを身につけると、子どもは急速に成長し、そして、文字の読み書きができるようになると、加速度的に成長していきます。それは、子どもが成長して文字の読み書きができるようになるということから、その反作用として文字・文・文章が子どもを成長させていくようになります。それは、このことによって自然、社会、人間、文化への見方、感じ方、考え方が成長するとともに、思考力、認知力、判断力、記憶力、想像力などの認識諸能力とともに、その認識方法と認識内容が高度化されていくからです。

文字を書き、文、文章を書くなかで、書いたものを吟味することができるようになると、子どもたちは「全体として長足の進歩」をとげていくのです。そして、この進歩の実現には何よりも書く意欲が必要です。

子どもがなぐりがきをするにも、絵らしいものを書くにも、つねに子ども自ら意欲をもって書くようにしていきたいと思います。そのために、えんぴつをもって何かを書いたら、よく見て、

「これは、なあに。まるいパンかな。おいしそうね。もっと、いっぱいパンを書いて」

「あら、これは糸かな。糸は長くつづけて書くのね。ずうっとつづけて書いて。ああ、書ける。書ける。うまい。うまい」

「あら、これは、きゅうりみたいね。これはりんごみたいね。これは花みたい。うまいなあ。りんごいっぱい書いてね」

などとほめながら、ぐいぐい書かせていきたいものです。

なぐりがきであっても、子どもが何かを書きたいと思って書くその意欲性を大切にしたいと思います。

何か書いたら、書いたものを言わせて、ほめてやりたいと思います。

「ほら、金魚がいたよ」

「ほら、見て。これ、ドーナツ」

「これは、ママよ」

「先生、かいてあげるね」

などと言って書く子どもにしたいものです。書いたものは、似ても似つかぬへんなものであってもほめて喜んでやりたいと思います。

こうしたなかで、子どもたちはえんぴつを持って書くということが、学校生活の楽しいことの一つとなり、自ら意欲的に書くようになっていきます。この状態をつくり出しておいて文字を書く学習にはいっていきたいと思います。

文字を書くようになっても、意欲性を失わせないようにして指導したいものです。そのためには、読む指導とちがって、目と手とが一つになって動くように、基礎的な運筆練習をつづけて、自然にやさしい文字が書けるようにしていくことが大切です。

また、一つ一つの文字が書けることについても、二音節二文字の単語が書ける段階でも、数音節の文字が書ける段階でも、さらに詩や作文が書ける子どもにも、それぞれに意欲性をもたせて自ら書く子どもにしていきたいと思います。

しかし、一つ一つの文字については筆順があり、文章による表現となると、文法に従った書き方ができるようにしていかねばなりません。ここでは子どもの自発性や意欲性にまかせておくことではなく、意図的、計画的、系統的な指導が必要です。

この場合、一人ひとりの子どもによって個別的な指導が必要となってきます。

それは、ある子どもは、筆順を教えると必ずその逆から書くという状態の子も出てきます。これは自閉的な傾向のある子どもに見られる一つのタイプです。また、どうしても自己流に勝手な筆順でしか書こうとしない子どももいます。それからまた、ある子どもは、一回習得したものしか書こうとせず、いつまでも同じ文字にこだわり、新しい文字の学習には大きな抵抗をしめすこともあります。

わたしは子どもの意欲性を大切にしつつ、国語教育としての計画的指導をうまくとり入れて、文字が正しく書けるようにすすめていきたいと思います。そのために、はじめは筆圧のコントロールなど、あまり高い要求はひかえて、基本的な文字の形に視点をおいた指導をしていくべきだと思っています。

しかし、このこともなかなかむずかしいことです。「あ」という文字の第二筆は右にややまがっているのですが、それがどうしても左にまがる子どももいます。「や」の字の第三筆も右に向かったりします。鏡文字を書く子どももいます。そこで、わたしはやはり簡単な運筆練習から、次第に正しい文字が書けるように系統的な指導の工夫をしていかねばならないと思います。

左ききの子どももいます。どちらかといえば左ききで、注意すると右で書くというほどの子どもであれば、わたしは右で書くことをしっかり習慣づけたいと思います。しかし、右手で書かせようとするとパニック状態になるような場合は、左手でうまく書けるように指導していかねばならないと思います。

四　現実の子どもたちへの視点

子どもたちがすこやかに成長していくうえでの障害は、最近いっそう多様化し、またいっそう深刻なものとなりつつあります。

わたしは、一九六八年（昭和四十三）に東京都大田区池上小学校に併設された心身障害学級の担任になりました。最初の五年間はいわゆる軽いおくれの子どもたちが多く、学年をさげて教科書を使えばどうにか指導できる状態でした。そして、つぎの五年間は、一般的な発達のおくれではなく、障害が多様化してきました。そしてつぎの五年間は、障害の多様化とともに、もう普通学級で学習している教科書を学年をさげて使うということができない状態になりました。在籍一五人のうちに、名まえを呼んでも「はい」と返事しない、いや、返事をすることのできない子どもたちが、三分の一をこえる状態になりました。ひらがなの読み書きを指導する授業はたいへん困難になり、わたしは障害をもつ子どもたちについての新しい国語教育について考えないではいられない現実に立たされました。

障害の実態はじつにさまざまです。もちろん、一般的な発達のおくれといってよい子どももいます。しかし、記憶力や判断力などの一般的なおくれではなく、このなかにまったく音声言語のない子どもがいます。ダウン症の子どもも一般的な言語発達のおくれがともないます。そして病弱児である場合もあります。視力障害児、聴力障害児、てんかん、口蓋裂、口蓋裂ではないけれども似たような発音をする構音障害、自閉症、情緒障害、どもり、脳性麻痺、髄膜炎による意識障害、代謝障害など、わたしの学校の場合を考えても障害の質はじつにさまざまです。他校、または養護学校を考えるとさらに多種多様で、これが生理的原因にしろ、病理的原因にしろ、心理的原因にしろ、家庭的・社会的原因にしろ、身体発達のおくれによるものにしろ、それらが二次的に重複している子どもにしろ、どの子どもにも言語の発達障害があります。

わたしは、学級の子どもの三分の一がまったくことばがないといってよい状態で、さらに三分の一がおうむがえしなどで十分コミュニケーションが成立しない子どもたちで、残りの子どもがどうにか文字の学習を進めることができるという現実に立って、これらの子どもたちの国語教育について、従来のものとはちがった指導をしていかねばならぬということを痛切に感じました。そして、この指導の内容と方法について実践的に明らかにしたいと思い、教材教具の工夫もしてきました。そして、若干の結論めいたものをまとめることができたように思います。それは、およそつぎのようなことです。

①健康であること

遅々とした進歩であってもとにかく毎日学校に来て生活し学習するということなしには、ことばの力を身につけることはできません。健康状態が悪い場合は、学校に来ていても生き生きと学習に参加しません。学習が楽しく、意欲的であることが、この子どもたちにとってはとくに大切です。気分がいいこと、笑いがあること、思い切り身体をうごかせること、つまり、心身ともに明るく健康な生活ができるように家庭でも学校でも十分配慮することが大切です。

健康で気分が明るいということは、友だちとのかかわり、教師とのかかわりが生き生きと展開される大切な条件です。この生き生きとしたかかわりの展開がことばの発達をささえていきます。

②「わかる力」を伸ばしていくこと

とくにことばのない子どもの場合、友だちが言うこともわからず、教師がいうこともわからず、一人で勝手にぴょんぴょん飛んだり、水道の水を出して一人で遊んだりするようなことが多いのですが、このような子どもには、話をすることはできなくても、ことばを聞いて「わかる」ようになってほしいと思います。

このような子どもたちが、机の上にえんぴつと本など、いろいろな物をおいて、

「えんぴつ、ちょうだい」

と言って手を出すと、えんぴつをとってくれ、

「本、ちょうだい」

と言えば、本をとってくれるようになればどんなにすばらしいことでしょう。

このようなことができるということは「わかる力」が身についたからなのです。この力は「おじさん」と「おばさん」の弁別ができることであり、「ち」と「さ」、「ね」と「れ」などの文字のちがいがわかることにつながります。また、友だちがころんで、けがをしたら「いたいだろうな」と感じることができる力であり、「あしたは遠足よ」と言えば「うれしい」と思う力であり、授業中勝手に外に出ていってはいけないということがわかる力でもあり、文章の内容が読みとれる力につながっていくものです。

③学習のステップを細かくすること

一週間、一か月、一学期、また一年間で、どんなことを身につけるのかを一人ひとりの子どもにはっきりさ

せることが大切です。なかには、ひらがなの清音四十六文字が読めるようになるには三年かかるだろうと思われる子どもがいます。こんな子どもの場合、一年生の一学期には何がわかり、何ができるようになればいいのか、または、どんなひらがなを、いくつ読めるようにするのか、どんな方法でやるのか、一人ひとりの子どもについての計画をたてたいと思います。これは細かなステップで、また一人ひとりの子どもに合った方法で進められねばなりません。

このことは、清音二文字二音節の単語を読めるようにして、その量をひろげ、さらに三文字三音節の単語へ、そして、四文字四音節の単語、長音のはいった単語、促音のはいった単語、拗音のはいった単語、拗長音や拗促音の単語、また濁音や半濁音をどういう順に身につけていくのか、これらを指導するにはどのような単語がいいのか、どのような教材や教具がいいのかというように、細かに計画されねばなりません。

このような細かなステップで指導していくと、一週間、または一か月の実践が、わたしたちによく見えてきます。親のがわからも、毎日学校へ来たために、今月はこれだけ身についたということがはっきりわかるので、はりあいがあり、希望が出てくるということになり、子どもも意欲的になってきます。

このような指導は、普通学級で使っている教科書ではとうていできません。どうしても、この子どもたちの力に即して指導していける教科書が必要です。また、学級の人数が少ないことも大切な条件です。

④教材や教具を工夫すること

教科書にしても、一年生の上巻を三年間使用するというようなことはとうていできません。あきて興味を失うだけではなく、子どもも、教師も、親も、一冊の本を学習し終わったという満足感がもてません。三年生になっても一年生と同じ本で勉強しているということであれば、いやな気持ちをぬぐうことはできません。この子どもたちの教科書は、普通学級の教科書よりもずっとうすいもので、成長の段階がはっきり見えるものでなくてはなりません。

教材もこの細かなステップに即したものでなければならないし、その教材内容を正しく習得できるようなものでなければなりません。三〇センチの竹製のものさしを「ものさし」と教えたあと、一〇センチのセルロイド製のものさしを見せて「これなあに」と聞いても、ほとんどの子どもは「ものさし」だと理解しません。教室にある丸い大きな時計を「時計」と教えたあと、「うで時計」を見せても時計だと理解してくれません。だから多様な教材が必要です。

教具も子どもたちが興味を感じるものでなくてはならないし、作業をともなうようなものを多様に使うことが大切です。せっけん箱や、お菓子の箱で、中がいくつかに区切ってあるものの底に文字を書いておいて、カードの同じ文字をそれぞれの文字のところに入れる作業で、文字の識別力を高めることや、箱の表に大きく書いた文字を見て、同じ文字のカードを、郵便くばりをするようなあそびで入れさせることなども子どもたちは楽しくやります。これらの学習あそびは、細かなステップごとにとり入れて、作業をとり入れた学習をさせていくことが大切です。

⑤学習を習慣化すること

わたしが、高学年を担当している場合、一時間目は、まずその日の当番が他の教室（永代学級・山本学級）に行って、その日の欠席者を聞いて来なければなりません。一五人のうち何人、だれが欠席であるかを聞いて来て、わたしに正しく報告することはなかなかむずかしいことです。中学年の教室に行って、

「永代先生の組の欠席はありますか」

と聞いて、欠席者があればその名前をそこでおぼえなければなりません。つぎは山本学級に行って、

「山本先生の組の欠席はありますか」

と聞いて、欠席者をおぼえ、そして、わたしの教室に来て報告しなければなりません。わたしは出席表に人数を書き、当番にこの表を職員室までとどけさせます。

このことがちゃんと出来るようになることは大きな学習の一つです。めぐみちゃんは、ちゃんと学校に来ていて、井上君と土肥君が欠席なのに、

「欠席は、めぐみちゃんです」

などと報告することがあります。

そして、きのうどんなことをしたのか、学校から帰ってからのことを話し合います。すると、一月の寒い日なのに「うみにいったの。およいだの」などと言う子どももいるし、じしんはなかったのに「じしんありました」と言う子どももいます。わたしは、お母さんが毎日書いてくださる連絡帳を見ながら、何をしたかを確認しあいます。そして、各人に日記帳をわたして書かせます。書いたら、読ませて、まちがっている字などの指導をします。これは毎日つづけます。子どもたちは、学校というところはこのようにするものだと思いこんでいるようです。日記を書くことをいやがることはまったくありません。文学作品などの読みの指導はまた別の国語の時間にします。

中学年も、低学年も、一時間目は「生活」という時間割で話し合いをして、一人ひとりの話を聞き、そのことを黒板に書いてやって読ませたり、話し合いですませたりしています。

わたしが低学年を担任していたときは、わたしが元気に、

「起立、おはようございます」

と言って、子どもたちにも何か声らしいものを出させ、それから名前を呼んで「はい」と返事ができるようにすることを長い間つづけたり、そのあとで、一か月同じ歌をいっしょに歌うようなことをしました。このようにしていくと、子どもたちは、毎日、学校というものは、こうするものだと思い、教師の意図的計画的指導にすっかりのってきます。

あるときは、二時間目の国語の時間に、ある子どもは「くつ　くま　くり」と書いたプリントを自分でとってなぞり、ある子どもは「いけがみしょうがっこう」と書いてあるプリントの字を視写し、ある子どもは別のプリントをとって、それぞれ自分の学習をはじめるというように習慣づけたことがありました。しばらくつづけて、目標に到達すると「こんどは、これよ」と新しいプリントを与えるようにしました。

これはいわゆる反復学習です。このことは、表記力などを確実に身につけるうえでたいへん大切なことです。また、根気づよく、長い時間学習することができるようにしていくうえでも効果があります。「きょうは、二枚書いたね。きょうは三枚も書いたの。えらいね」というようにほめていきます。

⑥意欲性を伸ばすこと

学習意欲を起こさせることは、きわめて重要なことです。そのためには、まず子どもたちに「先生が好きだ」という気持ちをもたせたいと思います。じつに、さまざまな個性的な子どもたちなので、一人ひとりの子どもとの対応のしかたは、それぞれにちがいます。

わたしたちは、それらの子どもの性格、発達、要求、興味、関心、雰囲気、行動、言語的特徴などにあったかかわり方をして、子どもの心と深くつながっていかねばなりません。日記を書かせるときも、はじめのうちは、日記帳を与えて「日記を書きなさい」と命令調で言っても書きはじめる子どもはほとんどいません。子どもをよくつかんで、こうすれば意欲的にやりはじめるというコツを知る必要があります。

ある子どもは、ひざの上にのせると、気分よく「かめ、かめ、かめ」と、発音をまねして学習するのですが、机の前で向かい合って学習させようとしても席を立っていってしまいます。

ある子どもは、

「きのうはの『き』かけるかな」

というと「うん」といって「き」の字を書き、つづけて「きのうは……」と書きすすめていきます。

ある子どもは、

「この字は、なんだったかな。教えてよ」

というと、教えた後つづけて読みます。ひらがなのカルタとりをするときは、いちばんおくれている子どもは教師と子どもと二人でくんでやるようにすると、喜んで参加したりします。こうして、しだいに集団としての学習ができるようにしていきます。

わたしは、ことばのない子どもたちがいつもわたしのそばにいたいと思うようになってほしいと思います。ことばのある子が「江口先生、江口先生」と、用がなくてもことばをかけて笑いかけてくることが楽しくてしかたがありません。こんな子どもに、その子が読める字があることを知っていて、「これ、読めるの」ときくと「うん。読めるよ。ねこ、でしょう。先生、読めないの。かわいそうね。教えてあげるからね。ちゃんと、おぼえなさいね」などと言ってくれます。

学校で学習することが楽しいと思う子どもたちであることが何よりも大事なことです。だから、いつも明るい笑いにつつまれた教室でありたいと思います。

ことばの力というのは、ことばだけを教えていけば身につくというものではありません。生き生きとした人間らしい豊かなことばは生活全体のなかで育てていかねばならないし、また、文字の読み書きについては国語科独自の教育が必要です。

ここにわたしは、池上小学校での六つの実践内容についてのべましたが、養護学校にはもっと重度の障害のある子どもがいます。ここでは何かを注視すること、快と不快の表情表現、手足や体を動かすこと、何かをにぎること、ゆさぶりあそびでの喜びの表情表現、座位やつかまり立ちをさせてほめること、だっこ、くすぐりっこなどとともに、便所で「シー」「ウーン」と声をかけ、「フーフー」と息を机の上の小さな紙にかけて飛ばし、「ねんね、ごろんごろん」と声をかけて体を動かすようなことを大切にしなければならないと思います。そして、教師とのかかわりを喜び、教師のことばかけを楽しみ、要求や模倣する気持ちを豊かにしていくようにしたいものです。このような成長が理解言語の習得への過程となるのではないでしょうか。

五　言語環境の大事さ

人間として生まれた子どもは、呼吸する力、母乳を吸う力、体を動かす力、泣く力を自然にもっているのですが、言語の力というものは、生まれながらにしてもっているのではなく、その後の学習によって獲得していくものです。日本人であっても、日本語を身につけて生まれるのではなく、中国人であっても中国語を自然な力としてもって生まれてくるものではありません。このことはまた、言語環境が子どもを大きくかえていくということを物語っています。

障害をもつ子どもたちは、言語の獲得力が弱いので、もっともすばらしい言語環境のなかで育てられねばなりません。ところで、障害をもつ子どもたちにとって、もっともよい言語環境というのは、どういうものでしょうか。この問題を考えるときには、すでにわたしたちは、その子どもはどのような障害をもっているのかということを問うているといえます。ダウン症の子どもの場合は、それはほとんど筋肉の力が弱いので、力強く乳を吸うように育てること、離乳食を食べるようになった後は食べる力が弱いのでやわらかいものを与えるのですが、いつまでもやわらかいものを与えつづけないで、噛む力を身につけるために、やや固いものを意識的に与えることも考えねばなりません。口のまわりの構音器官の筋肉を動かして強く育てていくことが、すでにこの子にとってのよい言語環境であるということができます。これは一つの例ですが、このことは障害の早期発見と、治療と、その克服をめざす指導のなかに、言語環境というものをとらえていかねばならぬということです。だから、障害をもつ子どもたちの幼児教育は見たがりや、知りたがりやにしていく意欲性の開発と、言語の力を育てるバックグラウンドの指導として、きわめて大事なことであるといえます。

言語の力はこのように身体の発達と大きなかかわりがあります。そこで、わたしたちは小学校に入学してきたこの子どもたちについても、手足の力、指先の器用さなどを育てる指導をすすめていくことが大切だといえます。つぎに、聞く力、見る力などの五感の発達をうながすことを大切にしていかねばならぬと思われます。「くつ」を「つつ」という子どもは、「く」と「つ」を聞きわける力が育っていません。文字が書けるようになっても、鏡文字を書く子どもは、一つ一つの文字を正しく見る力が弱いのです。つまり、幼児のうちから五感の発達をうながす指導をしていかねばならないし、このことが、この子どもにとってのよい言語環境であるということができます。

また、人形を見てかわいいと思い「かわいいね」ということばに共感するようになるには、かわいいと思う情感が育っていなければなりません。「きれいね」「こわいね」ということばを共有しあうためには、「きれい」「こわい」という情感が育っていなくてはなりません。これは、各場面の数多くの体験によって育っていくもので、その体験とともにこれらのことばが聞けるようにしていくことが大切です。

さらに「こんなことをしてはだめよ」「いい子ね」というときは、善悪の判断をもとにしています。「だめ」「いい」ということばは、事実の判断とともにあるために、このようなことばはその事実とともにとらえさせていかねばなりません。

そして、これらのことばを獲得していけるためには、一つひとつの事物を記憶する力が必要です。さらに「あしたは、雨がふるかもしれない」というのは想像力によらねばならないし、「信号が赤になったから止まる」というような思考力も必要です。

言語というものは、このように人間全体の発達とともに、豊かに正しく身につけていくものです。だから、小学校に入学してきたこの子どもたちの言語の力を伸ばしていくということは子どもの人間としての全面的な発達を考えていく実践のなかでこそ正しく実現していくものであるということができます。

しかし、言語の教育には言語独自の教育内容があります。それは、聞く力、話す力、読む力、書く力です。この四つの内容はまた、それぞれにたくさんのことを内包しています。じつは、この細かな内容を障害と発達に即応したものとして科学的に体系だてていくのがわたしたちの言語教育の本体なのです。そして、これは国語科独自の内容であって、国語科は生活体験や他の諸教科との関連のなかで、子どもたちの正しく豊かな自然認識、社会認識、人間理解の成長を保障することになるのです。

そこで、わたしたちはＰＴＡなどのとき、言語環境についてつぎのようなことをよく話し合いたいと思います。

(1)口を見せて話しかける（動作も多く）
(2)ゆっくりした口調で話しかける（気持ちをひきつけるように）
(3)事物の体験を豊かにする（動物園などに行くこと）
(4)身体的なふれ合いを十分に（だっこやおんぶなどの遊び）
(5)興味や関心を豊かに（おもちゃや音楽や絵本や動物など）
(6)身体発達（アスレチックやプールや手あそび歌など）

(7)健常な子どもを育てるときよりも多くことばかけをしていくこと（どんなことばかけをしているか）

六　同習のすすめ

同習というのは、発音指導と文字を読む指導と、文字を書く指導を同時に学習していくということです。

一年生に、つくしを見せて「つくし」という発音を指導し、この三つのひらがなが読めるようにし、また同時に鉛筆で「つくし」と書く学習をさせます。このような指導を「読み書き同習」といいます。こうして学習していくほうが、子どもたちは学習内容を確実に身につけていくことができるのです。障害児学級の国語教育も、できるだけこの原理に立ってすすめていきたいと思います。

とは言え、この実践は障害の重い子どもであればあるほど容易なことではありません。しかし、わたしはこの原理を大切にしたいと思います。まじまのり子さんは、自分の名まえを言うこともできないし、名まえを呼ばれても「はい」と返事をすることができません。もちろん、文字は一字も読めません。この子どもに、わたしは同習で指導していくようにします。

「のり子ちゃん、こっち向いて。先生の顔を見て。お口を結んで。ま、ま、ま、ま、……」とわたしは言いつづけます。のり子ちゃんは口がうまく結べません。唇がいつも開いています。これでは「ま」という両唇音は発音できないので、手で上下の唇を合わせてやります。また、

「ほら、先生を見て」

と言って、口をあけて、ぱくっととじます。この動作をまねさせます。そして、しだいに唇をしめて「ま」とわたしの口の模倣をして言えるようにしていきます。

また「ま」「の」と書いたカードを机において、

「のり子ちゃんの、の、ちょうだい」

「まじまの、ま、ちょうだい」

と言って、カードをとってわたしの手にくれるようにする授業をします。

それから、鉛筆をこの子といっしょに持って「ま、ま、ま」と言いながら書いていきます。また「の、の、の」と言いながら書くのです。

もちろん「ま」と「の」が再生法で発音できるようになっても、二つのカードを正しくとることはできません。ましてて、まの字や、のの字を上手に書くことはできません。しかし、この三つの指導はいっしょにすすめていくようにします。この指導が、発音指導にとっても文字の読み書きの指導にとっても、異習指導より効果的だからです。

発音できるようになって、話せるようになって、文字が読めるようになって、その後で文字を書く指導をするというのでは、四年生になっても鉛筆を持たせられないことになります。この異習は明らかにまちがいです。

ひらがなの発音はまだ不十分で、ひらがなも十か二十ほど読める状態でも、鉛筆でなぐり書きをさせていかねばならないし、○を書かせ×を書かせ、また「つくし」という文字をなぞらせる指導をしていかねばなりません。わたしは、このことをとくに強調しないではいられません。

実際に同習で指導をしていくと、まったく音声のない自閉的な子どもも、文字が書けるようになり、また、文字と具体物とを結びつけて理解するようになります。まったく音声言語のない子どもも、こうして言語を習得していくことができるのです。S君は何もことばは言えませんが、細長い紙に「えぐちせんせいのて」と書いてセロテープをつけると、その文字を見て、その紙をわたしの手につけにきます。このような理解語はかなりの数です。これも同習の指導をしているからで、もちろん自分の名まえや友だちの名まえも鉛筆で書くことができるようになっていきます。もし、このS君に同習の理論で指導していなければ、このような成長は絶対にないことでした。

一時間、実質は四十五分間の授業です。この四十五分間を発音の指導だけ、またはいくつかの文字を読むだけという授業では、子どもはあきてしまいます。「め」という発音の指導を、実際の目と結びつけて言わせる授業を十五分間つづけたら「め」というカードのほかにいくつかのカードをおいて、「め」のカードをとらせる文字の読みの指導を十五分ほどやって、それから最後の十五分は点線で書いた「め」という字をなぞらせたり、一人で書ける子どもには視写させたりしたいのです。このような同習のなかで、「め」という発音も、この文字の読みも書くことも効果的に身につけることができるのです。子どもたちは、あきないで四十五分の授業に集中します。

もちろん、すべて同習で授業をするというのではありません。効果的に活用していきたいものです。この方法は一つひとつの文字を教えるときだけに使うものではありません。「からさわよしのり」と言わせ、文字を読ませ、唐沢君であることと結びつけ、この六つのひらがなを書くこと、また「本」と書いて読んだり書いたりすることも、一つのセンテンスで答えを言ったり書いたりすることにも活用します。これは言語習得の方法としての

「文筆法」であって、広く実践していかねばならぬものであると言えます。

七　表現のよろこびを

表現には、喜びの表現もあり、悲しみの表現もあり、怒りの表現もあります。わたしはこれらのなかで、喜びの表現をとくに大切にしていきたいと思います。

すずらん　　　　ふるやま　りきや

いいにおいしました。
にわでさきました。
これは、えぐちせんせい
これはぼく
いいにおいです。

古山君のうちの庭には、すずらんがあります。五月、すずらんの花がさくころ、家庭訪問があります。古山君はこの季節になると家庭訪問に早く来てもらいたくて、

「かてほもん、えぐち先生、くる?」
「かてほもん、はやくきて」
などと、毎日言っていました。そして、こんな詩を書いてきました。話しことばを身につけ、文字が読めるようになり、そして単語が書けるようになり、やっと、自分の思いをこのように表現する力を身につけました。わたしは、すずらんの花が咲いているうちに家庭訪問をして、わたしのすずらんと、古山君のすずらんを見たいと思いました。お母さんも「力也は、毎日、家庭訪問はいつかと、きくんですよ。とても楽しみにしています」と言っておられました。この作品は明日を待つ、未来を喜ぶ作品です。わたしは、こんな作品がたくさん生まれる教室でありたいと願わないではいられません。

たんじょうび　　　　　　　　ふるやま　りきや

えぐちせんせい
ぼくのうちきてね。
きゅうきゅうしゃで
あそびます。
おかしたべます。

これも明日に胸をふくらませている喜びの表現です。「きゅうきゅうしゃ」という拗音と拗長音のまじった単語の発音と、この単語を書く学習を同習としてどれほどしたことでしょう。その学習のかいがあって、こんな作品が書けたのです。

　　おかあさん　　　　　　　古山　力也

おかあさんとおとうさんと
しごとをしました。
おかあさんが
こんこんせきしました。
ねつをしました。
くすりのんだ。
えぐちせんせい
こまったな。

この作品には、おかあさんの風邪を心配している古山君の気持ちがよく表れています。「ねつをしました」というのはおかしいということを話して、もっと正しい表現をさせたいと思いましたが、話をきいてもよくわからないので、そのままにしました。身ぶりでは、体温計で熱をはかったということのようでした。これは、心配の表現ですが、このように心配してくれている古山君の心を喜ばないではいられません。

ここに、古山君の三つの作品をあげましたが、他の子どもたちも同じように生活の楽しさをたくさん書いてくれています。わたしはこのような日々を、子どもたちと、お母さんやお父さんたちといっしょに喜び合っていきたいと思うのです。

言うまでもなく「ああ、こまった」とため息をつく日もたくさんあります。わたしは教室でよく「こまったなあ」と一人ごとを言うことが多いようです。歌詞がよくおぼえられないとき、算数の計算問題がいくつもまちがっているとき、ろくぼくに登れないとき、自分では意識していないけど、よく「こまったなあ」と言っているようです。だから、古山君も「おかあさん」の詩の最後に「こまったな」と書いたようです。古山君は、日常生活の中では、計算がうまくできないときなど、「江口先生、こまったなあ。どうしよう」とよく言います。

学級の子どもたちのあれこれについて、お互いに子どもたちが「こまったなあ。どうしよう」と考え合うことは、たいへん大切なことだと思います。

書いて考え合い、考え合ってまた書く、という学級集団の指導をしていくには、どうしても、一人ひとりに書く力を身につけていかねばなりません。書くことは、自分の生活行動のありのままを再現することです。子どもはそれを書くなかで考え、書いたあとみんなで考え合いながら、文字で書くということができなかったときとはちがった、確かな成長をとげていくのです。

この実践をしていくためには、どうしても子どもたちに一つひとつの文字を習得させ、文や文章が書けるようにしていかなくてはなりません。しかし、どうしても文字で自己表現ができない子どももいます。わたしは、だから表現のよろこびが生まれない、とは考えません。話しことばによる表現でもいいし、無意味音節的発声でよろこびを表すのもいいし、表情や体でのよろこびの表現をしてもいいし、一人ひとりの子どもに即して共に生きていることを喜びあいたいと思います。

〈本章は、『障害をもつ子どもたちの国語教育』（あゆみ出版、一九八四年）掲載の「障害をもつ子どもの国語教育の歴史と現状」を加筆・転載〉

第三章　子どもとともに

一　障害のある子どもの学び方を育てる

1　多様な障害

心身障害学級に入学または入級してくる子どもたちの障害はじつに多様である。肢体不自由児（脳性まひ）・筋萎縮症・虚弱児・弱視・難聴児・情緒障害児・自閉性障害児・ダウン症・てんかん・結節性硬化症・小頭症・水頭症・神経症・髄膜炎・ムコ多糖症・舞踏病・言語障害児など、わたしは多様な障害をもつ子どもたちと接してきた。重度の障害の場合は養護学校に入学することが多いが、軽度であれば普通の小学校に併設されている心障学級に入学し入級してくる。

入学式のとき、親や教師とはなれて一般児の席にいられる子どもは少ない。泣いたり席を立って走りまわったりする子どもがいるので、教師がだっこしたりして入学式をすますことが多い。

ほとんど発声も話しことばもない子どももいれば、何を言っているのかわからない音声を発する子どももいれば、単語がいくつか言える子どももいる。コミュニケーションの成立もそれぞれにちがった状態である。まったく指示に従って行動することのできない子どももいれば、ある程度は従うことのできる子どももいる。

このように、入学して来る子どもたちはじつに多様な障害をもっている。わたしたちはこのような子どもたちと学習することになるのであるが、どのような子どもにも日々成長していく学校生活の喜びを感じさせ、自ら学ぶ心を育てていきたいと思う。そのためには、一人ひとりの子どもの障害について、ある程度の医学的な知識も必要である。それは親から学校で発作を起こしたときなどの対応のしかたについて話をよくきいておくことも大切であり、ときには医師と相談することも必要である。

2　学校を楽しいところに

普通学級では四〇人を限度として組が編成されている。心障学級では東京都の場合、一二人までを一学級として二名の担任、一三人になると二学級三担任となっており、さらに週六時間の言語教育のための講師や介添人が配置されていて、一人ひとりの子どもにかなりゆきとどいた教育ができる。（一九八八年現在）

そこで、心身障害学級では一人ひとりの子どもにかかわって、子どもたちが楽しい学校生活をおくることができるようになっている。しかし児童数の上限では指導上の困難さがあるために、教師の加配も行われている。子どもたちが学校を楽しいところであると感じるようにするためには、はじめのうちは、子どもが好きなことができるようにする。そのためには、親に「どんなことに興味があるか。何をすることが好きであるか」ということを聞いて、学校でそのことができるようにしていくことが大切である。

わたしが担任した子どもは、ミニカーが好きであったり、ビスコ（お菓子）が好きであったり、レコードをかけることが好きであったり、三つ輪の自転車のりが好きであったり、テレビのコマーシャルが好きであったり、トランポリンが好きであったり、興味関心をしめすものもじつに多様であった。

わたしは、入学と同時にこれらを用意するようにして、一人ひとりの子どもが、朝よろこんで登校するようにし、登校したあとはしばらく楽しいことをさせ、それを受容して相手になっていた。その途中に少しずつ、好きなことと合わせてある種の課題をとり入れ、短い時間ではあるが、学習に向かうことを意図して指導した。たとえば、つぎのようなことである。

・「名まえを呼ぶから返事をしたらミニカーをあげる」と言って、返事のけいこをしてからミニカーを与えること。
・「ちょうだい」と言わないとミニカーはあげない。「ミニカーください」と言わないとあげないなど、しだいにむずかしくしていって「江口先生、ミニカーをください」とはっきり言えるようにし、「ありがとう」ということばも言えるようにしていくこと。
・「レコードやって」「レコードかけて」「レコードかけてください」「江口先生、レコードをかけてください」と言うようにしていくこと。
・「ちゃんとここに待っていないと三つ輪自転車にのれない」と言って、順番を待つことができるようにすること。
・「テレビ」と言わせ、「テレビつけて」と言わせ、「テレビつけてください」とむずかしくし、「江口先生、テレビをつけてください」と言わせてからテレビを見せること。

だいたい、一学期間は好きなことをさせながら、ある種の課題をうけ入れて学習するようにすすめてきた。しかし、さらに子どもたちが重度化してくると、このような課題もむずかしくなり、おんぶしたり、だっこしたり、「高い高い」と体を上にあげたり、介添員と手足をもって「一、二の、三」と横に大きくふり上げたりしてやって楽しい気分にしてやるようにし、また、好きなカタログなどを自由に見せながら、カタログの中にある絵をかいてやって満足させるようにし、さらに、いっしょに絵をかくことができるようにしていくなど、一人ひとりの要求に即して学校生活の楽しさを感じさせるようにしてきた。

3　入学後の障害に即した対応

一人ひとりの子どもの障害に即して指導していくことが心障学級の特質である。いうまでもなく普通学級では一定の各教科の内容があり、それに即して学習が展開される。しかし、心障学級では子どもたち一人ひとりの力にそって指導していく。

心障学級では障害が多様であるために、一人ひとりへの対応も多様なものとなる。その例をここにいくつかあげたい。もちろん、わたしの体験は養護学校ではなく心障学級の子どものものであるため、比較的軽度の障害の場合が多い。また、それぞれの障害は症候群であってその一つひとつについてのべることはできない。だから、ここにあげるのはきわめて一般的なことにすぎない。しかし、このことは重要なことである。

入学後の障害に応じた一般的配慮事項

肢体不自由児	・全員に同じ課題を与え、それができないためにコンプレックスを感じることがないようにし、よくころぶ子どもにはヘルメットやサポーターを着用させる。機能訓練を行う。
筋萎縮症	・歩行能力を維持させるための援助が必要である。ころぶことが多い場合はけがをしないようにする。
虚弱児	・窓の近くの席など、風がよくあたるところはさけさせる。疲れないようにさせる。適度の運動をさせ、給食をよく食べるようにする。元気なときはよく歩かせる。
弱視児	・「ほら、この花はきれいね。」などと、はこべやねむの花などを見せるときなど気をつけて、「見えない。」と言って泣いたりいじけたりしないようにする。黒板の字は大きく書き、席は前にする。
難聴児	・補聴器をつけるほどでなければ、席は教師のそばにして、大きな声で授業する。その子に向かって話すようにする。
情緒障害児	・その子がとくにいやがることをさけ、好きなことをさせるようにする。
自閉性障害	・その子が好きなことをさせ、教師もいっしょにやって人間関係をつくる。
ダウン症	・かなりがんこなところがあるので、無理にやらせず、親愛感をつくり、元気に行動するようにしていく。
てんかん	・薬をのんでいる子どもにはそれを忘れないようにし、急に発作でたおれる子どもにはヘルメットをつけて外に出す。
結節性硬化症	・紅斑のある子どもには、他の子どもがいやがることのないようにして仲よくさせる。
神経症	・精神的な負担や疲労を少なくし、個性にあわせつつ、笑いを多くし、不安をとりのぞき、楽しい体育などを重視する。

4　達成の喜びを感じさせる

ことばをかけても、いっしょに歌っても、心を教師に向けてくれない子どもが多いが、何か一つでも、できる喜びをはやく感じさせるようにしたいと思う。

1　教師と手をつなぎ、友だちと手をつなぐ
2　オルガンやピアノに手をふれて音を出す
3　うさぎ、にわとりなどにえさをやる
4　向き合って足をひらいてボールのやりとりをする
5　紙にフェルトペンなどで色をつける
6　ランドセルを自分のロッカーに入れる
7　一人で上衣がぬげたとき
8　リズムにあわせて手をたたくこと
9　少し高いとびばこの上からとびおりること
10　すべり台ですべること
11　ぶらんこにのること

12 おもらしをしなかった日
13 ズボンをよくおろして大小便ができたこと
14 シャツのうらがえしに気づいたとき
15 ボタンがかけられたとき
16 着脱がはやくできたとき
17 一人でうまくくつがはけたとき
18 こぼさないでうまく食べたとき
19 はやく食べられたとき（おそすぎる子）
20 ゆっくり食べられたとき（はやすぎる子）
21 やさい、くだものを食べたとき
22 牛乳がのめたとき
23 ストローで、うまくのめたとき
24 食器のあとかたづけの手伝いをしたとき
25 口のまわりをハンカチでふけたとき
26 いやがらないで注射をしたとき
27 へんじができたとき
28 何か、自分で書けたとき（線、まるなど）
29 ぐるぐるがき、めちゃくちゃがきができたとき

30　絵カードがとれたとき（カルタとりのようにして）
31　人に何かしてやったとき
32　歯科の検査を上手にうけられたとき
33　朝会のとき、一人で立っていられたとき

こんなことが上手にできたときは、にっこり笑って、だっこしてほめてやりたい。そして、

「うまい。うまい。」
「できた。できた。」

という単純なことばをいつもそえて喜びたい。また、手をたたいてほめてもいい。このようなことをくりかえすことで、喜びを感じない子どもも、喜びを感じるようになる。にっこりと笑いかえしてくれるようになれば、入学後の指導は成功したものとしていい。しかし、自閉的な子どもは、このようにうまく達成の喜びを感じてくれない。

　でも、自閉的な子どももふくめて、教師と子どもが達成の喜びを共有することは、子どもたちが自ら学んでいくことへの第一歩であり、これはまた教育の出発点でもある。

　ここには三三項目をあげたが、このなかの一つでも二つでもいいからできるだけはやく何かができるようにして、そのことをほめ、達成の数をふやしていくようにしたい。そして子ども自身が新しいことに挑戦するような意欲を育てていきたい。

　これらは日常生活のなかのものであるが、この項目がいくつも達成できて喜びを感じるようになると、もはや、各教科の初歩的学習にはいっていけることになる。国語科では、この頃からいくつかの単語についての表象形成

のための学習をすすめ、音韻を形成すれば単語の発音指導ができるようになってくる。また、算数では、おはじきを五つほど前において「一つ、ちょうだい」と言えば、一つとってわたすようなこともでき、体育では、「手を上にあげて」「ぴょんぴょん、とんで」というような指示にも従えるようになるし、「まるく、かいてね。赤くぬろう」と言ってリンゴの絵をかかせることもできるし、音楽では、曲に合わせて「ぞうさん、ぞうさん」「アブラハム」なども、おどれるようになってくる。

教科的学習ができるようになると達成の喜びの質もいちだんと豊かなものになってくる。しかし、わたしの担任した子どもたちは、「こうだから、こうしなければならない」「このために、自分は勉強しなければならない」というように考えることはあまりなかった。

子どもたちは、自主的によく勉強するようになったが、それは、まったく勉強が楽しいからであった。「苦しくても、つらくても、勉強しなければならない」というように考える子どもはほとんどいなかった。音楽も体育も楽しいからやるのである。

5　目標は高く

わたしの学校では一学期に音楽会があり、二学期に学芸会や展覧会がある。音楽会の各学年の持ち時間は二〇分である。心障学級も人数は一つの学年の十分の一であるが、持ち時間は一〇分とってある。この一〇分間、合唱をしたり器楽合奏をしたりする。行事には独自参加と交流参加をしている。

音楽会が近くなると、父母会のとき、「ピアノ伴奏は伊藤暁子ちゃんにやってもらいます。前奏、間奏、後奏をまちがいなくひけるように、うちでも、がんばるように話してください。それから、大太鼓は土肥君、小太鼓は……」とパートを発表する。暁子ちゃんはダウン症である。お母さんはこんなとき、

「うちの子には無理じゃないでしょうか。両手で伴奏をするんでしょう。うちにはピアノはないし、学校で、やれるようになるんでしょうか。そんなこと、とても考えられません」

と、びっくりされる。わたしは、

「大丈夫です。みごとに、ひけるようにしますから、安心して楽しみにしていてください」

と言う。やがて、音楽会の日になる。体育館のステージに心障学級の子どもがいろいろな楽器をもって並び、暁子ちゃんがグランドピアノのところにいく。そして、演奏がはじまる。終わると、例年、大きな拍手がわく。たくさんのお母さんがハンカチを出して涙をふいておられる。曲目は「楽しいワルツ」「みなと」「春がきた」「しょうじょう寺のたぬきばやし」などである。楽譜は、大きく絵でかいてあるのを見せて演奏させる。

ピアノがひけるようにするためには、それなりの方法がある。わたしは、歌をまず階名で歌えるようにする。そして、各人がもっているピアニカの鍵盤に「ドレミファソラシドレミファ」と書く。それから「ド」と言えば「ド」の音が出せるようにし「ラ」と言えば「ラ」の音が出せるようにする。これができるようになると「ミソララソミド」「ドドレドドレミー」とわたしが階名で歌いながら全員にピアニカをひかせる。何回も練習すると、きれいにそろうようになる。どの曲もこうしてひけるようにする。「しょうじょう寺のたぬきばやし」の前奏などは、両方の人さし指を使って、交互に「ミ・ド・ミ・ド・ミ・ドド・ソ・ミ・ミ・ソ・ミミ」という具合に

ひかせる。このように、曲を簡素化して与え、練習をつづけていけば、グランドピアノで伴奏ができるようになる。ところが、途中でまちがえると、また、はじめからひいたりする。ステージではどんどんすすんでいく。だから、ピアノがリードするより、大太鼓にあわせて、まちがってても演奏をつづけていくようにしなければならない。また、ステージでは、自分の場所をはなれておりていく子もいるので、教師が黒子のようにして、そばにいてはげましてつづけさせるというようなことになる。そして、みごとに演奏が終わる。

またわたしの学級では週一回、池上本門寺の妙見堂の百八段の石段のぼりをつづけている。二〇分間、かけ足で一〇八段上がり、また、かけ足で下りてくる。一年前に二〇分間に五回しか、のぼったりおりたりすることができなかった子どもも、八回やれるようになる。いちばん速い子どもは一〇回できる。この子は、自分で一〇回という目標をたて、それに挑戦して達成しようとがんばる。冬でも汗を流してがんばっている。

心障学級の指導にあたって、わたしは、いつも目標は高すぎるくらい高くかかげたいと考えている。その目標にいどませ、達成の喜びを感じさせたいものである。わたしは、長年この子どもたちの詩教育・作文教育に力を入れてきた。この指導についても、わたしは目標を高くかかげてきた。

また、その高さに到達できる方法を考えて実践してきた。わたしは、一人の子どもが、四〇〇字の原稿用紙に一〇枚、二〇枚とつづけて書く力を身につけさせたいと思った。このためには、何をおいても、くわしく書く力を身につけなければならない。自分がしたこと、見たこと、思ったことをよく思い出して順々にくわしく書いていく力をもたせるには、えんぴつを持って、なぐりがきをはじめる一年生の指導から、高度な文章表現力を身につけるまで、こまやかな指導をしていかねばならないし、また、何よりも表現する喜びをもたせていかねばならない。岩塚はつみさんは、長期にわたって、あさがお日記を書き、四〇〇字の原稿用紙に三六枚書いて、賞をもらったりした。わたしの目標がひくいものであったら、この子はここまで成長しなかったのではないかと思われる。目標は高くして、その指導方法を考えたい。

6　学習のリズム

この学級を担任して、これは大事なことであると思うことの一つに「学習のリズムを作る」ということがある。普通学級の時間割は、各教科が各曜日の各時間にちらばっている。わたしは、このような時間割を作ってすすめたことがあるが、これではうまくできなかった。そこで、高学年は毎日一時間目は「生活」ということにして、その日の「月・日・曜日・天気」をはっきり自覚させ「きのうのこと」ということで、一人ひとりにどんなことしたか、話をさせるようにした。また、このとき「今日はどんな行事があるか」ということも知らせることにしていた。そして、二時間目は「国語」として、毎日、日記を書かせるようにし、三時間目は全部「算数」として、毎日同じようにしていった。四時間目と五時間目に「国語」の読み「社会」「理科」「体育」「音楽」「図工」「道徳」「特活」をおいた。とにかく一時間目から三時間目までは毎日同じようなことを学習することにした。子どもたちは、やがてこの学習のリズムをすっかり身につけて、自主的に学習するようになっていった。二時間目になると、みんな日記帳を自分で出して書きはじめるようになり、三時間目は算数の用意をするのだった。

しばらくすると、わたしは「生活」の時間をなくし、一時間目に「国語」の書く時間をおき、週六時間の「生活」を各教科にわけてその時間数をふやした。すると一つの変化がおこった。職員朝会がすんで、わたしが教室にいくと、もう子どもたちは自分で日記帳を出して書きはじめているという状態になった。わたしは「これはいい」と思って、毎日、朝のあいさつをすると、つづけて日記を書いていくようにした。こうして、自分からすんで一時間目は日記を書くということが毎日の生活のリズムになった。音楽は、ある一定期間教材をきめて「ピアニカの練習」ということにする。すると、音楽の時間になると、子どもたちは自主的にピアニカを持ってきて、練習するようになった。

このようにしていくと、子どもたちに毎日の学習リズムができあがり、毎日の学習が同じように展開できるようになった。算数のプリントにしても、同じものを一週間はつづけていくほうがいいし、よくできるようになると新しいプリントの問題を与えるというように、いつも一定の学習のリズムによって子どもたちが自主的に学習するようになった。これはいいことだ、とわたしは思った。

わたしの担任、高学年六名のなかには、一人では学習できない子どももいる。一対一で相手になっていなければ落ちついて学習できないのである。わたしは、自主的に学習するこのような教室にしておいて好都合であった。日記を自分で書ける子どもは書いているが、まだよく書けない子どもには、一対一で指導できるようになったのである。書き終わった子どもは、わたしに提出しにくる。そこで、一読して話し合うようにする。算数のプリントも、自分でやっている子どもがいるので、一対一で教えなければならない子どもは十分指導できるし、自分でやった子どもが提出にくれば、その場で見ることができる。ピアニカも、自分で何回も何回も同じ曲を練習している子どもがいて、まだよくひけない子どもには一対一で指導することができるのである。

こうしたなかで、わたしはある子どもの日記の文を黒板に書き、これをみんなで読んで鑑賞、批評をする一斉指導の授業ができるし、各教科にわたって一斉指導ができるようになる。ここでは一例として算数の一斉授業の例をあげておきたい。

「さあ、先生が黒板に何か書くから、何を書くかあててごらん」と言って、横に一本の線をひく。子どもたちは「ひも」「テープ」「電線」などと言う。わたしは、その線の下にもう一本ひく。すると「道」「線路」などと言う。わたしはさらに二本ひく。横に四本の線がある。そして、わたしは縦に五本くらいの線をひく。「あっ、しょうぎ」「しょうじだよ」などと言う声を聞きながら、緑の線を下から上にまきつくようにかく。そして、朝顔の葉をかく。子どもたちは、やっと、「朝顔だった」と言う。

わたしは赤い花を二つかく。青い花を三つかく。そして、

「〇〇ちゃん。赤いあさがお、いくつあるの」

と聞いて答えさせたり数えさせたりする。つぎはちがう子どもに青い花の数を聞く。それから「みんなでいくつか」「どっちがいくつ多いか」「どっちがいくつ少ないか」などと考えさせる。そして、たくさんかき加える。「先生は、ここにはこれだけしかかいていないけど、ほんとうは、きのう先生のうちに、赤が九こ、青が六こさいていたの。〇〇君、みんなでいくつさいていたかな」「〇〇くん、どっちがいくつ多いの」などと発問する。

紫の花をかき加えて、高度な問題を作ることもしながら、五までの数がわかる子どもには、ときどき、その子にあった発問をして、全体的に子どもに学習させていくようにする。わたしは、長い間、こんな授業をしてきた。こういう授業に、わたしは日々の充実感があった。

〈本稿は『現代教育問題シリーズ』15（日本標準、一九八六年九月号）掲載の「障害のある子どもの学び方をどう育てるか」を加筆・転載〉

二　障害児教育における生活綴方教育の意味深さ

1　生活綴方運動の本質と障害児教育

生活綴方は、第一次世界大戦後日本をおそった経済恐慌の時代に、当時の日本の子どもたちの悲しい生活現実をどうすればいいのかと誠実に思い悩み、子どもたちのすこやかな成長をひたすらに願った現場の教師たちによって創造された教育方法であり教育運動である。

この運動は、まだ農村に根づよく残っている封建性からくる子どもへの圧迫、日本資本主義の発達とともにひどくなった農村の貧困化による子どもの成長発達への阻害、未発達な子どもたちに天下り的におしつけられる国家主義教育の内容と教育の権力支配、そして、ある娘は売られ、ある子どもは生命さえおびやかされている現実のなかで、子どもを真に愛する教師たちによって、力強くすすめられ、そして今日に至っている。生活綴方の運動に参加した教師たちは、すべての子どもたちの人間としての尊厳を守らねばならぬ、すべての子どもたちに真の学力を身につけねばならぬと考え、生活綴方教育の可能性を信じて実践した。また、すべての子どもたちに、現実のきびしさに打ちひしがれることのない逞しい生活意欲を育てたいと願い、子どもたちが自分をとりまく現実を正しく深くとらえる目をもち、みんなで力を合わせ、正しく強く生きぬいていく力を身につけたいと願って着実に実践した。

このような生活綴方の本質と運動は、今日の障害児教育の問題を考えていくうえで欠くことのできないものである。今日、日本の障害児のおかれている状況は生活綴方運動が起こった当時の日本の子どもたちをめぐる状況ときわめて似ている。今もなお日本の封建性のなごりは、差別として障害児たちをつつんでいる。障害児をかかえている家庭は共働きをすることもできない場合が多く、日本の教育行政はこの子どもたちの教育権を充分保障していない。福祉行政も貧困である。障害のある子どもといっしょに自らの生命を断っていく母親が毎年たくさんいる。こう考えると、今日の障害児教育の問題は生活綴方の運動が起こったその本質とともに深く考えていかねばならぬ密接なかかわりがあると言える。

2　生活綴方教育の方法と障害児教育

生活綴方教育と障害児教育とのかかわりは、きびしい生活現実に打ちひしがれることなく逞しく生きていく力を身につけ、子どもの人間としての尊厳を守り、真実な生き方を求めていくという本質だけでなく、生活綴方教育の方法上の特質もまた障害児教育と深いかかわりがある。

生活綴方教育の方法は、まず子どもを解放し、生活を事実に即してありのままに綴らせるこまやかな指導をとおしてリアルな表現活動を展開させ、このなかで自己確立をはかりながら、真実への共感によって連帯感を育てていく。

障害児教育の実践にあたっては、教師はまず生活綴方教育でいう「子どもの解放」ということを考えなければならない。子どもは解放されたなかでこそ生き生きとした自主的な意欲的な行動を見せる。この行動は子どもが成長していく第一の基盤である。一年生に入学してきた子どもに、教師はこわい存在であるという印象をもたせ、心を委縮させてしまうならば、学校にくることをいやがるようになるし、自主性はなくなり、全体的に委縮して発達はおくれるばかりである。朝、登校してくる子どもは教師にとびついてくる親しさ、どんな方法でも意志表示をする解放された心がなくてはならない。学校に喜んで登校しないようであれば障害児教育の実践はその第一歩において失敗であると言わねばならない。教室は自由で楽しく、のびのびとした解放されたところでなくてはならない。わたしは「ももたろう」の本を読んだ。読みおわったところで、わたしは拍手を期待していたが、子どもたちは「おばあちゃん、だめね」「おばあちゃん、ばってん」と言いだした。わたしは何のことかよくわからなかった。よく話し合ってみると、ももたろうのおばあちゃんは川へせんたく物を持ってせんたくをしに行ったのに、帰りには、せんたく物を置きっぱなしにして、ももだけかかえて帰って来たから「だめね」と言ったのだった。わたしは子どもたちにバケツやシャベルを持たせてよく砂場に出かけていた。そして、教室へ帰ったとき砂場に置き忘れてきた子どもには「だめね。ばってん。とってきなさい」と言っていた。こういう体験から子どもたちは、ももたろうのおばあちゃんを批判したのだった。思ったことを自由に言う教室づくりによる、自主的な行動を認める中で「三びきのぶた」の紙芝居をしたとき、おおかみがやけどをしたところで「かじ、たいへん」と言いながらバケツに水をくんできて、子どもたちは紙芝居の絵に水をかけたりした。わたしが「本門寺のはとがポッポポッポとないていたね」と言ったら「ちがうよ、はとはグールグールと言ってるよ」などと自己主張をした。このような自主的、意欲的発言や行動は解放されたなかでこそ生まれてくる。このような精神活動の能動性を生むものは教室での子どもの心の解放である。この精神の能動性が障害を克服していく成長の基盤であると言える。

つぎに、生活綴方は生活現実を事実に即してありのままに綴らせるこまやかな指導をして知的にも感性的にも正しく豊かに育てていくのであるが、障害児たちは入学してからかなりの期間文章を書くことはできない。またほとんど話すこともできない子どもも多い。生活綴方では生活を綴り、それを学級で話し合い、考え合い、さらに生活を綴っていくことを実践の主軸にするが、このことは障害児教育の場合「ことばの教育を重視する」という意味にとらえる必要があると思われる。

ことばというものは、人間と他の動物とを区別するもっともいちじるしい印である。人間はことばをもつことによって真に人間として生きていく。人間はことばで考え、ことばの力で現実を切りひらいていく。だから障害児教育の実践では、日本語の音素を身につけていない子どもにはこの教育を、音韻が成立していない子どもにはその成立を、発語器官に障害があればその指導を、つまり、発音の指導が必要な子どもには何よりもこの指導に力を注ぎ、人と話すことができるようにしなければならない。「か」と言えなくて「た」と言う子ども、「ゆ」といえなくて「る」と言う子ども、「ぞ」を「ど」と言う子ども、「ぶ」を「む」と言う子ども、子音が母音化する子ども、語中の音節が欠落する子どもなど、それぞれのことばの障害についてこまやかな指導をしなければならない。どうじに、ことばはうまく通じなくても話す意欲をもたせて話量の多い子どもにしていかねばならない。話すことはかなりできるが読み書きができない子どもには、ていねいな文字の読み書きの指導をしなければならない。読む文字は生活的に親しいもの、たとえば自分の名まえや友だちの名まえからはじめたほうがいい。生活綴方では、「よい目をもつ」「よい耳をもつ」ということでリアルな文章表現をめざす。障害児たちにも、よい目やよい耳をもたせたい。「ろ」と「る」はどう違うか、「れねわ」はどこがどう違うか、これを識別する目を育てねばならぬ。「ぷ」と「ぶ」、「だ」と「な」と「ら」などは発語器官の微妙なはたらきによって違ってくる音であることを、よい耳をもたせる指導によって習得させねばならぬ。書く文字は単純な一筆がきの文字から二筆がきのひらがなへ、そして三筆がき、四筆がきへと系統的に指導していくことが必要である。このような障害に即した系統的な文字指導や単語指導については、日本の国語教育は残念ながら未開拓である。これから研究していかねばならぬ分野である。この指導も、わたしは本質的には生活的に指導していくということを基本にしなければならぬと考えている。

ひらがながかなり読み書きできるようになったならば、いよいよ本格的な生活綴方の実践をすすめたい。しかし、この実践はそう簡単にできるものではない。それは、すじのとおった長い文章が書けるような子どもはいないからである。それにしても書くことを大切にしたい。生活綴方の実践の中には、知らないひらがなは○印を書いて綴っていく方法もあるが、こういう実践もむずかしい。低学年で原稿用紙に二枚も、すじのとおった文章が書ける子どもがいたら、そういう子どもは障害児学級においておく必要はないのだから。学力の面でその学年についていけないという、とくに障害のない子どもが障害児学級に入級させせられる状況があるなら、それはきびしくチェックしていかねばならぬ。国民の教育権を大切にする立場に立って、親が障害児学級にいれることに反対であれば、教師は親の立場に立ち、正しい判断によって障害児学級にほんとうに障害をもっている子どもを入級させてゆきとどいた教育をしていかねばならない。だから、障害児学級の生活綴方の実践は普通学級の実践とはかなりちがったものになる。担任の教師にしか判読できない文章表現についての、はるかにきめのこまかな一人ひとりの障害に即した実践になる。わたしは『綴方の鑑賞と批評』(百合出版)の「Ⅳ子どものなかに生きる綴方」の項に引用した日記の作者は、これまで成長したのだから親にもすすめて普通学級に入れた。わたしはそういう実践をしたいと思う。

さらに、生活綴方は具体的な生活体験の事実をとおして行うものであり、このことは障害児の認識内容を確実なものにしていくうえで、障害児教育の実践にとって欠くことのできないものである。いま、わたしの学級にいるえい子ちゃんはダウン症で、固執性がかなり強い。四年生の二学期のある日、十時ころから雨になった。すると、おかあさんから「傘を持っていけませんので、学校の傘を持たせて帰してもらえないでしょうか」という電話がかってきたのでそうすることにした。午後二時すぎ、五時間目が終わって「さようなら」をした。そして、えい子ちゃんに傘を持たせようとすると「いや」といって絶対に持とうとしない。ぬれて帰るつもりである。昇降口のところで約一時間「えい子ちゃんはいい子ね。先生のいうことをよくきくんだもんね。江口先生は、えい子ちゃん大すきよ。傘さしていくんだもんね」と、おだてても手を出さないし「雨が降ってるでしょう。ぬれて帰ったら、かぜひいて、あしたから学校で勉強できないでしょう。えい子ちゃん、先生のいうこと、わかるね」と、やさしく言いきかせても傘を手にしようとしない。「えい子ちゃんは、だめ。わるい子。ばってん。江口先生はきらいよ。ちゃんと、いうことをきいて『はい』って、持っていきなさい」と大声で叱っても、手を出そうとしない。持たせても持たせても投げすてる。このようすを見ていた先生たちは、「さあて、江口先生とえい子ちゃんと、どっちが勝つか、これは見ものだ」と窓からわたしの指導力のほどを見物。わたしは、えい子ちゃんに負けてはならない。どうにかして勝たねばならない。約一時間のたたかいであった。えい子ちゃんは「わたしの傘ではない」という意味のことを言いつづけ、足をバタバタさせて泣き出した。そうだ。田中総理大臣にはこのえい子ちゃんの清潔な心の、つめのあかでもせんじて飲ませたいなどと思ったりした。国民に向かって「徳やせ」などとお説教したりして。だから、えい子ちゃんはこんなに清潔な自分に固執しているのだなどと、やつあたりしたい気持ちになったりした。それにしても、えい子ちゃんをぬれて帰すわけにはいかない。わたしはどうしても勝たねばならないのだ。わたしは精根つきはて、ことばによる教育に限界を感じた。そして、生活綴方の原則を考えた。よし、事実で体験させてやろう。いちど雨の中に出してやろうと思った。「じゃ、ぬれて帰りなさい」と言って、雨の中に押し出した。すると十メートルくらい歩いて行った。そして、かなりぬれた。わたしはそこへ走っていって傘をもたせた。傘を持つと雨にぬれないということが、えい子ちゃんに体験をとおして理解できた。えい子ちゃんは、ふくれっつらをして、傘をさして校門を出た。わたしは勝った。そして、ほがらかな気持ちで教室にもどった。見物していた先生に「ついに勝ちました」と言った。それでも、えい子ちゃんが最後まで傘をさして帰るかどうかが心配だった。途中で投げすてて帰る姿を想像した。そこで、しばらくしてから後を追った。すると想像したとおりであった。傘は百メートルほど行ったところに捨ててあった。わたしはその傘を持って追いかけた。池上駅のところで、やっとつかまえて、また傘を持たせた。すると、えい子ちゃんはにっこり笑って「江口せんせ、ありがと。ごめんね」と言った。はっきりしたことばで言った。この子の口から、わたしはこんなことばをはじめて聞いた。この子の中に、こんな語いがあったのかと、自分の耳を疑うほどだった。学校に帰って、えい子ちゃんの家に電話したら、うちまでちゃんとさして行って、「江口先生のかさよ。あしたもっていく」と何度もいってランドセルのそばに置いているということであった。生活体験を重視した事実による教育は、文章は綴らなくとも、これは生活綴方の教育である。えい子ちゃんについては少し前に私はこんな詩を書いた。詩集「風、風、吹くな」(百合出版刊) の中の一篇をあげたい。

　　　はじめての作品

「えぐちせんせい。おうちおいで。そばあう《(る)》よ。ジュースあう《(る)》よ。コーラあう《(る)》よ。ビールあう《(る)》よ。えぐちせ
んせい。おうちいこうね。」
こう言って、毎日わたしといっしょに帰りたがるこの子。

文字で何かを綴れるようにと願いつづけているわたしは、

「えぐちせんせい。おうちおいで、と書いたらいいくよ。」と言った。

この子はすぐに書きはじめた。

そうして、持ってきた紙には、

「えぐちせんせいおそ」

と書いてあった。

「おそ」というのは、

「おうちおいで。そばあるよ。」

という意味である。
えぐちせんせいというのは、
わたしの机の上にはっている名まえを、
一つ一つ、見てうつしたのだった。
これは、わたしだけにわかる作品。
さて、こうなったら、
わたしは約束をまもらねばならないのだが、
きょうは水曜日、職員会がある。
しかたなく、
「きょうは、だめ。せんせいは　ようがあるの。」
と言った。
するとこの子は、
いま書いた紙をわたしからとりもどして、
こんどは
「えぐちせんせい　×《ばってん》」
と書き加えた。
「えぐちせんせい、ばってん。」
大きな声でこう言って、

また、わたしのところに持ってきた。
それから、いつもするように、
よい姿勢をして、わたしの前に立ち、
「えぐちせんせい、さようなら。」
と頭をさげ、
美しく笑って、教室を出ていった。

この子は、いい子になった。
わたしは、
ひとりで帰っていく後ろ姿に
手をふって、
「さようなら」
と言ったが、
わたしの声は職員会議を知らせる
チャイムの音の中に消えた。
校庭には、
やわらかな春の光。
わたしの手のひらに、ひとひらの春の雲。

「えぐちせんせいおそ
えぐちせんせい×」
これは、この子が、生まれてはじめて、
自分のことばで、自分の心を表したもの。
わたしはこの作品をもって
後ろ姿が見えなくなったあと
いつまでも昇降口に立っていた。
あしたも
よいお天気でありますように。
あしたはきっと
あの子と手をつないで歩こう。

また、ある子どもは「きょう何をしたか書きなさい」と言って五時間目に書かせた日記に「きしたおくたさこ5した」と書いた。これも、わたしだけにわかる文である。「きょうは、ねぼうした。おそくおきた。さんすうと、こくご⑸のべんきょうをしました」。しかし、このような文を書くようになると、もうしめたものである。こまやかな指導をすればするほど、書く力も伸び、考える力も伸びていく。生活綴方を書くことは記憶をたしかにすることであり、文の連接は、ことがらとことがらの関係を生活事実にそって正しくとらえさせることであって、文を書く力の成長は考える力の成長となり、認識の発達と確実に結びつくからである。

書いた文章を読み合い、考え合うという実践は、単語の正しい書き表し方、助詞や接続詞の使い方の指導とともに、書いている内容についていろいろな吟味をすることができる。これはきわめて充実した授業になる。解放したなかで生まれる生活意欲は、書かれている事実内容への共感共鳴によって学習意欲に結びついていく。

3　発達の展望・実践の解明

障害にはさまざまな種類がある。そして、どのような質の障害であろうとも、教育によってすべての子どもは発達していく。どのように重い障害のある子どもでも、教育によって以前にできなかったことが新しくできるようになっていく。人間には、はかり知れない可能性がある。このことを生活綴方にかかわって如実に語ってくれた一冊の本がある『いくつになったら歩けるの』という、花田春兆著、ミネルヴァ書房発行の本である。

「俳句や短歌の鑑賞や作り方、生活綴り方の実践的なこと、簡単な日本文学史、『つれづれ草』や『太平記』などの古典、そんなものを曜日で時間割をきめて、やっていったのである。どこまでわかったかは、どうも保証の限りでない、と言った方がよいだろうけれど、私たちは大いに得意になっていた。」(同書75ページ)

この本のこういう一節に注目した。著者の花田春兆氏は重度のアテトーゼ型の脳性マヒで、歩くことはおろか、立つこともできない人である。顔は絶えずしかめて、手足は意味もなくピンピン奇妙な跳ねるような動き方をして、のけぞるようにからだを突張らせ、食べ物も自分の手で口に入れることがたいへんである。入浴は、浅く作った浴槽のフチを越えるのに、オットセイの曲芸もどきの芸当を演じなければならない。障害等級は一級である。この著者は「食事から排泄、日常生活のすみずみまで他人の手をわずらわして、辛うじて生きている者にとっては、客観的に言って、生かされてきたことにほかならないだろう。」とのべている。

この花田氏は、二年間就学猶予で学校に行くことができず、その時の悲しみとくやしさを後年このような一句に結晶させている。

就学猶予クレヨンポキポキ折りて泣きし（春兆）

——同書35ページより——

おかあさんが就学猶予の書類を書いていた。その手は悲しみをおさえているために、ふるえていた。花田氏にはそれが何であるかがわかった。そして、すべてがイヤになった。涙が視界をすっぽり包んでくる。絵をメチャメチャに塗りつぶすだけでは、どうにも納まりがつかないのだった。握りしめていたクレヨンが、音をたてて折れた。——当時、障害児のための学校はほとんどなかった。だから多くの障害児は就学免除認可申請書を書かされて、学習権・教育権を放棄させられていた。ところが、岸辺福雄氏などの努力で東京に、東京市立光明学校ができた。昭和七年六月一日である。そして、花田少年はこの学校に入学することができた。乳母車に乗せられ、もの見高い人びとの視線をあびながら、それでも学校に行けることがうれしくて、母親といっしょに熱心にかよった。ここには「生活」という教科があり、文集が作られ、読み書きについての特訓的な授業がなされた。

「——俳句の好きな宮沢先生が、四年生になるのを待ちかねていたように、古典俳句の鑑賞を教え、作り方を手ほどきしたとしても、少しも不自然でもなければ、無理でもなかった。……綴り方よりも書く字数が少なくて、

完成したものになるというのは、手の悪い私にとっては、大きな魅力だった。」(同書69ページ)

　六年生を卒業すると、ここに補習科ができ、ここでも文集づくりが続けられた。

「ガリ切りは先生にしてもらうのだが、他のことは自分たちでするのだ。印刷となると騒ぎである。夏などシャツをインクで真黒にするだけで足りず顔にも腕にも入墨ならず凄まじいまでに汚しきって、真黒な汗を流す始末である。――紙を折ったり、ページを合わせて重ねる作業を、紙をしわだらけにしながらも、やるようになっていった。」(同書89ページ)

　こうして、花田少年は文集「うなばら」の中で育っていったが、戦争がはげしくなると校長さんは軍のおエラ方に呼ばれて、生徒たちに一服呑ませる用意をしておけと、青酸カリの大ビンを渡されたりしたようだった。ナチスだけでなく、日本にも障害児者のファシズムによる抹殺が企図されたのだった。しかし、先生たちはこの子どもたちを守りとおした。

　花田氏は今もからだや手足が不自由なことは昔とかわらない。十冊以上の著書があるが、これらの本は特別に重い鉛筆で紙四枚分くらいをとおしてアトがつくほどの力で刻み込むようにして書かれたものである。結婚して二児の親であり、この本のあとがきには、これから「身障者の歴史」を書きたいと記してある。

　もし、花田少年が光明養護学校ができて教育を受けなかったならば、おそらく今日の花田春兆氏は存在しなかったであろう。また、学校で生活綴方を書き、文集によって生活を見つめる教育をされなかったならば、おそらく今日の花田春兆氏は存在しなかったであろう。

　この本を読みながら、わたしは子どもたちの発達の展望と、生活綴方の仕事の意味深さを思わないではいられなかった。

雲雀沖天不具なるも俯向《うつむ》くことを欲せず

天職欲し一心に進む目高の列

――「いくつになったら歩けるの」より――

日本作文の会会員や「作文と教育」の読者の中には障害児学級を担当していられる方がかなりあるようである。わたしはこれからこの教育にたずさわる仲間とともに、また全国障害者問題研究会の方々とともに、障害児学級における生活綴方の実践について、そのありかたを明らかにしていかねばならぬと思っている。

〈本稿は『作文と教育』（百合出版、一九七五年三月号）掲載の「障害児教育における生活綴方のしごとの意味深さ」を加筆・転載〉

三　子どもとともに

一九七三年をむかえる。新年とはいっても、一月一日がもっている意味はふだんの日となんの変わりもないはずであるが、わたしはやはり感動をおぼえないではいられない。それは新しく生きていきたいと思う平凡な決意とある緊張感がうごめくからであろうか。わたしは四十七歳になるのだ。それは信じがたいものでさえある。しかし年月は確実に流れた。何千年、何億年たとうと、絶対に再び生きることのできない、たった一度だけのこの「生」を四十六年生きて、いま一九七三年をむかえるのだ。

わたしはこの「生」を教師として生きてきた。二十五年間の教師生活というのは、数字を考えれば、気の遠くなるような長さである。しかし、いまわたしはまだ十年間も教師生活をしてはいないような気がしてならない。二十五年間という年月の長さに比して、教師生活の充実感が乏しく思われてならない。それはわたしが二十五年間を深く生きてこなかったということの証明でもあろう。だから新しい年をむかえると、焦燥をおぼえながら、こっそりと「今年こそは」と思うのである。

深く生きるということは、教師にとっていったいどのようなことであろうか。それは、つきつめていくと、わたしにとっては「子どもとともに、子どものなかに」深く身をしずめていくことだと思われる。新しい年を悔いなく子どものなかに深ぶかと生きていこうと思わないではいられない。いま、わたしは障害児学級で六名の子どもの担任である。わたしはこの子どもたちのなかに深く生きていくこと以外には、新年の希望とてほかにはありえない。近藤益雄の遺句集「どんこ」の中にこんな句があった。

この子も平均台がわたれてことしの燕がきてるよ

しもやけ消えた手この子とつくし摘もうよ

やがて春がくる。東京にはつくしも出ないが春はやはりうれしい。すこやかに育て六人の心とからだ。三つの組、あわせて一七人の新しい年にしあわせよやってこい。多くの障害児たちに幸多き年であれ。日本の子どものしあわせの年、そんな一九七三年でなければならない。

わたしは障害児を担任して、やがて五年になる。そして、この教育のむずかしさをひしひしと感じるこのごろである。五年前、わたしはおそるおそるこの道にはいった。そして、この五年間にわたしの無力さを知らねばならなかった。五年前、わたしは若い日の日記を読みかえして決意をかためた。その日記はわたしのもっとも恥ずかしい悔恨の記録である。

二十年ほど前の五月であった。わたしは、あまり勉強のできない女の子の家庭を訪問したのだった。すすめられるままにお茶をのみながら、わたしはなんの気なしにこういった。

「勉強がおくれていますので、おかあさん、算数を毎日少しずつ、みてやってくれませんか」

するると、急に対話がとぎれた。おかあさんは、うつむいて何か思いつめておられるようであった。それから、一気に、こう話された。

――わたしは、じつはね、先生。こどもに勉強が教えられないのです。わたしはね、何度死のうと思ったのかわかりません。でも辛抱しました。こどもたちを人の手に渡したくないばっかりに。わたしは、まだいまでも母親じゃないです。嫁じゃないです。こどもも、わたしのことを「ふみ」って呼びすてにするときがあるんです。自分のこどもにまで、ばかにされているんです。主人や姑が「ふみ」っていいますからね。ほんとうは死んだほうがよかったのです。やっぱり――。主人の両親はお酒のみで短気で、人情というものを小指の先ほども持たない人でした。主人の嫁は三人が三人とも出ていってしまったんですよ。わたしは小さいころの大病で、熱のために、あたりまえになれないって医者にいわれたんです。学校は六年までいきましたが、先生は、わたしにわかるようには教えてくれなかった。六年を卒業すると、すぐ女工になりました。家が貧乏だったものですから、わたしは家のために病気になるほど働きました。何一つ娘らしい持ち物も持たず、お化粧したこともありません。結婚というのはあきらめていましたから。でも、二十八の時でした。いまの主人がわたしを愛してくれたんです。それまで、わたしは男の人にやさしいことばをかけられたことは一度もありませんでした。つらかったけど、わたしはバカだからと思ってがまんしていました。主人は「好きだ」といってくれました。わたしは気ちがいになるほどうれしかった。でも、わたしにはわかっていました。主人は「わたしなら辛抱できる」と考えていたんです。それでも、ほんの少しでも人間らしく扱ってくれる主人に、わたしはおぼれてしまいました。和裁ができないといって主人のきょうだいにばかにされ、字が書けないといってばかにされ、わたしは、ほんとうに読み書きができないんです。主人の名まえも書けないです。わたしはどうして人間に生まれてきたのだろうと思って、早く死にたいと思って。でもね、こどもがあるし、ミシンで何か作れるように習ったんです。子どもに、わたしが作ったものを着せてやろうと思って。読み書きができないと苦労するものです。手紙も学校からもらうプリントも人さまに読んでもらわねばならないし。でも人間らしく生きていくぶんには負けるもんかと思って、がんばって生きてきたんです。いままでは、近所の奥さんたちも、わたしも、あんまりかわりないと思っていたんです。こどもは、ばかじゃありませんしね。でも、あの子はやっぱり、ばかだったんですね。こどものできが悪いのは、わたしのせいなんです。わたしは、ばかだからこどもを生んじゃいけなかったんです。やっぱり、結婚しちゃいけなかったんです。だけどね、先生。わたしだって女でしょ。みんな友だちが結婚するし、わたしだってと思ってね。わたしは、先生、人間は意地だと思っているんです。わたしは、そう思いこんでいるんです。そう思いこまなくちゃ、わたしのような女は、生きていけませんよね。わたしのこどもは、勉強は人さまのこどもよりできなくても、意地だけはもたせます。わたしは、こどもの勉強をみてやれないから、それは、しかたがないから、先生、かんべんしてください。でもね、わたしはまた五か月すると生まれるんです。こどもに申しわけがなくて。こんどの子も先生、ばかでしょうか。わたしは、こどもをりっぱに育てて、姑にも主人のきょうだいにも、しかえしをしてやろうと思っているんですよ。そんな日が、いつかきっとくると思っていたんです。生まれて一度でいいから「ふみ子さん」って、「さん」をつけて呼ばれてね。人間扱いされる日が、いつかあると思いこんで、意地で辛抱してきたんです。でも、もう、だめなんですね。先生、わたしはやっぱり死んだほうがよかった。ほんとに、こどもをかかえて、なんべん井戸の前で下駄をぬいだか。ほんとに死んでおけばよかった。先生、勉強ができないことは、ほんとにつらいことです。先生なんかには、わたしの気持ちはわからない。先生、こどものめんどうもみれない親で、ほんとに申しわけありません——。

おかあさんは、なん度も涙をふきながら、一気にこれだけ話すと、わたしの前に頭をさげるのだった。わたしは心もからだも凍りついてしまって、あやまることばも言えず、ふるえていた。「自分はなんというばか。なんという恐ろしい教師。なんという世間知らず」わたしは、しどろもどろにあやまって、教師をやめようと思いながら帰った。その夜、もしや、一家心中でも――と思うと眠ることができなかった。そして、この日のおかあさんのことばを、わたしは自分の心に深くきざみつけるように、克明に思い出して日記に書いた。それはわたしにとって本や講義などでかつて得られなかった教育学のように思われた。そして、さらにつぎのように書きしるした。「わたしは、教師であることをやめなければならない人間だろうか。あしたの朝、明るいひざしをあびて子どもにかこまれたとき、教師であることをやめる決意を表明できるだろうか。わたしにとって、ほんとうに教師をやめることが正しい生き方だろうか。こうして、やめたところで、そのことで自分をかえ成長させることができるのだろうか。いやいや、やめることは逃げることではないのか。むしろ、勉強のおくれた子どもたちに、学力を身につけさせていくために教師として努力しつづけていくことが責任のある生き方というものではないだろうか。そうだ！　わたしは勉強のおくれている子どもたち、特殊学級の担任になろう」こう書いて、また特殊学級の担任になる自信のなさを思いめぐらしたのだった。

　この日記を書いてから十五年、ときどきこの家庭訪問のことを思い出しながらも、わたしは特殊学級の担任になる自信がないままに、自らの決意を実行しないで生きてきた。そして五年前、わたしの学校に特殊学級が新設されることになったとき、この日記を読みかえして決意したのだった。ちょうどその頃、わたしの出身校である早稲田大学や、そのほかの大学からも、講師に、という話があったりしたが、わたしはそれをことわって清々しい気持ちになった。読み書きができなくて、人さまに読んでもらうというあのおかあさんのような苦労をするものが、ひとりでも少なくなるように、知恵のおくれた子どもたちの読み書きの力をつけるために、力のかぎり生きたいと決意した。そして、ひそかに近藤益雄さんを思い、ヘレンケラーのサリバン先生のことを思ったりした。

わたしの担任した子どもはみんな言語障害の子どもであった。だから清音の構音指導からはじめた。一年生の教室からは、国語の本を読む斉読の声が窓から流れているとき、わたしのところでは「あ・あ」「い・い」という発音練習である。清音がいくつか発音できるようになると、それを二音ずつ組み合わせて単語の発音練習にすすみたい。ああ、この子どもたちの本を読む声を聞けるのはいつのことであろうかと、気の遠くなる思いで、つい、ため息をもらすこともあった。この子には、もう三か月も自分の名まえの最初のひらがなをなぞらせているが、まだひとりでは書けないと思うと、こうして自分の人生も三か月すぎたのかと思い、この子は三か月なんのために学校に来たのかと思い、秋雨がつづいて、うすら寒い放課後の教室の夕ぐれどき、おそろしいほどのさびしさが、わたしをおそったりした。そんなやりきれない心のとき、たえられない気持ちになって、普通学級の国語の授業をたのんでさせてもらったりした。こうして気をまぎらわしている自分がみずからあわれに思えた。そして、子どもたちが本が読めるようになり、日記や作文が書けるようになったころ、わたしはやっと特殊学級担任として落ちつくことができた。普通学級で国語の授業をしたいと思う気持ちも少しずつ消えていった。しかし、これから特殊学級の担任をつづけて、もう絶対に、普通学級を担任して文学教材の授業や詩や作文の授業をすることはわたしの人生にはないのかと思うと、やはりさびしい。まだ、見はてぬ夢がそこにあるのか。未練がましい自分であることよ。わたしは雄々しくいさぎよくなくてはならない。そんな思いが去来するこのごろである。

わたしは、この子どもたちが、作文が書けるようになって、よみがえった。楽しい日がつづいた。子どもたちとの心の交流が深くなってきたからである。一週間がすぎ、土曜日になると、教室で子どもたちと別れがたい気持ちになったりした。土曜日は給食がないのに、子どもたちも帰ろうとしなかった。

「先生、レコードかけていい?」

わたしはこっくりうなずく。六人の子どもたちは歌にあわせて、小さなしぐさで、思い思いに無心におどる。

わたしはいつまでもその姿を見ていたいと思った。

歌を忘れたカナリヤは、うしろの山にすてましょか……。

——ああ、自分にも美しい童謡が書けないものだろうか。こんな純真な子どものなかにいるのに。ああ、童謡が書きたい。この子どもたちが喜んで歌う詩を書いてみたい。

しずかなしずかな里の秋。おせどに木の実の落ちる夜は……。

——わたしはこの歌をききながら、なき母の小さな後姿を想う。どろんこになって遊んでよごしたものを、夜、つめたい水で洗ってくれていた姿を想う。わたしには、母から叱られた思い出が一つもない。母は、やさしさがすわっているようであった。やさしさが歩いているようであった。母は叱るかわりに、さびしい顔をした。

そんなときの顔を思い出しながら美しいメロディーをきく。

どこかで春が生まれてる。どこかで水が流れ出す……。

——ああ、筑紫野の早春は美しい。いまにも、わたしのまわりに菜の花にむらがるみつばちの羽音がきこえてくるようだ。窓から流れる風は、ふるさとのれんげ畑を渡ってくる。

きんらんどんすの帯しめながら、花嫁御寮はなぜ泣くのだろ……。

——わたしの好きだった姉は、戦後、中国から引き揚げてくる途中病気になって、かえりついて間もなく死んだ。結核であった。そのころは、ブドウトウの注射さえなかった。わたしが小学校五年のときにとついだ姉の花嫁姿はいつまでも美しくかなしい。

かあさん、おかたをたたきましょ。たんとんたんとん、たんとんとん……。

――「先生、かたたたいてあげる。」わたしは急に現実にかえる。わたしの回りに集まってきた小さな手が、かるく肩にふれる。「もう、おそいから、おかえりなさいね。玲子ちゃん、レコードとめて。」わたしは無理に子どもたちをかえすのだった。

土曜日も、子どもたちはいつまでも教室で遊んで、帰ろうとしなかった。一年生のときは、みんなおかあさんが子どもを連れにきて、手をつないで帰っていった。二年生のなかばをすぎてから、子どもたちはひとりで学校の往復ができるようになった。そして、六人の子どもたちの友情も育ってきた（『綴方の鑑賞と批評』の最後の章の日記を読んでいただきたいと思う）。しかし、この成長のなかにもわたしは新しい問題を見つめなければならない。

一九七二年（昭和四十七）十月二十一日、土曜日であった。わたしは子どもたちを帰すと、学校からまっすぐ「障害児の言語教育について」という研究会に出かけた。会場は教育会館であった。二時から四時までの会だったので、五時ごろはうちに帰るつもりで、妻にゆきさきも知らせず、ぶらりと出かけた。

研究会が終わって教育会館の玄関に出ると、雨になっていた。しばらく待っていると、やみそうな空模様であった。そこで、地下室におりて、研究会でいっしょだった先生方と食事をすることにした。一時間ほどゆっくりして外に出てみると、もう雨はすっかりやんでいた。食事のときも、水道橋まで歩く途中でも、障害児の言語教育の方法についての話はつきなかった。「障害児には固執性がありますね。それが言語の習得にかなり深いかかわりがあると思いますがね」「それがいい場合もあるし、悪い場合もあるようですね」「わたしの学級の自閉症の子どもは本が読めるのですが、固執性が強くて……」などと、いつまでも楽しい雑談がつづいた。こんな土曜の午後のゆっくりとした楽しさと、研究会のなごやかさに心をあたためて、いい気分になって家についたのは、六時半ごろであった。玄関をあけると、わたしの子どもが飛んできた。

「おとうさん。たいへんよ。どこに行ってたの。玲子ちゃんが消えちゃったのよ。警察にとどけて、大さわぎだったのよ。さっき見つかったらしいけど」

「えっ」

わたしは、このとき「さっき見つかったらしいけど」ということばを聞かなかったならば、へなへなと玄関にすわりこんでしまったかも知れない。驚きと安堵と、わたしの胸は大きくゆれた。のん気に研究会を楽しんで！その間に、多くの方がどれほど心配されたことか！　玄関でそのままくびすをかえし、わたしは学校へ急いだ。

職員室では、校長・教頭さんはじめ、十人ばかりの先生方が「見つかってよかった。出てきてよかった。見つからなかったら、きょうは徹夜だったな」などと、もう笑いながらビールをのんでいられた。わたしは心配をおかけしたことをあやまり、小さくなってすわった。

この日「先生、さようなら」をすると、子どもたちは元気よく教室を出て行った。わたしはしばらく教室にいたが、窓をしめ、職員室にもどった。それから、そうだ、食事をしていかねば、といそいで学校を出た。

玲子ちゃんは、一時すぎても、二時すぎても、三時になっても家に帰らなかったという。おかあさんが心配でたまらなくなって、わたしのうちに電話されたのだが、わたしはゆくえ不明だったのだ。妻は、わたしが行きそうなところに、日本作文の会の大塚さんや、国語教育の親しい先生方のうちに電話をかけて、わたしをさがしたが、ついにいどころはつかめなかった。玲子ちゃんはうす暗く寒くなっても帰らなかった。おかあさんは心配のあまり警察に届けられた。先生方は校区内にちらばって玲子ちゃんさがしをはじめられた。このころ、わたしは玲子ちゃんのことばの発達について話したりしていたのだった。

おおぜいの人たちの心配と捜索がつづいて日がくれてしまっても玲子ちゃんは見つからなかった。四時ころ雨が降ってきたのに、傘も持たないで、昼ごはんも食べないで、玲子ちゃんはどこをどう歩いていたのだろうか。玲子ちゃんはダウン症で心房中隔欠損という、からだの弱い子どもである。そして、六時十五分ころ、ひとりで家に帰ってきたのだった。おとうさんも、おかあさんも、玲子ちゃんをさがしに出ている留守に、近所のおばさんが家の近くの暗いところにしゃがんでいる玲子ちゃんを見つけて、警察や学校に電話してくださったそうである。

家に帰った玲子ちゃんに、どうして家に帰らなかったのか、どこをどう歩いたのか、どんなに聞いても、玲子ちゃんはうつむいて、だまっていた。

月曜日に玲子ちゃんはかんたんな日記を書いてきた。

「わたしたかちゃんいことした。いなかった。なかしまみきひこいった。いなかった。」

この日記をもとによく聞いてみると、玲子ちゃんは、教室を出ると同じわたしの組のたかゆき君のあとをついていこうとしたらしい。ところが、たかゆき君は足がはやく、見失ってしまったのだ。それでも、たかゆき君の行ったほうに歩いていった。そして道に迷ったのだった。それでも玲子ちゃんはこんどは中嶋君のうちに行こうとしたのだった。そして、なお道がわからなくなった。この日「先生さようなら」をするとき、たかゆき君が「きょうは中嶋君のうちに遊びに行こうかな」などと、ひとりごとのように言っていたのを、わたしは思い出した。玲子ちゃんは、このことばを聞いて、自分もいっしょに遊びに行こうと考えたらしい。わたしは、そのとき玲子ちゃんの心の中をつかむことができなかった。そこで、何の注意もせずに「自動車に気をつけて帰るんだよ」とだけ言って帰したのだった。

玲子ちゃんのおかあさんは「近所の子は、相手にならないものですから、玲子と遊んでくれないんです。のぶ子（妹）も玲子をおいて自分の友だちのところに遊びに行ってしまうんです。だから、土曜日の午後や日曜日は、玲子はひとりぼっちでさびしいんですね。とっても、友だちと遊びたがるんです」と言われた。「このあいだまでは、そんな気持ちはなかったのに、やはり成長してきた証拠ですね」とわたしが言うと、おかあさんは「成長するのはうれしいことですけど、かえって、かわいそうで。これからも、こんなことがあるでしょうか。いったい、どうしたらいいのでしょう」と、きかれた。わたしには、答えることばがなかった。

障害児は、学校から帰ると遊び相手がなく、たいてい、ひとりぼっちである。成長するにつれて、おかあさんといっしょにいることも、つまらなくなっていく。遊ぶ友だちが欲しくなるのである。玲子ちゃんは、よく言い聞かせても、またいつか友だちを求めて交通事故の多い、信号の多い東京の道をさまよい歩くかも知れない。おかあさんと同じように、わたしも「どうしたらいいのだろう」と胸をしめつけられる。

このごろ、成長すれば、その成長をそのまま喜ぶことのできない心配ごとがともなっていく障害児の教育というものを考え、そして、わたしの子どもが障害児ではないために、わたしはこの子どもたちとおとうさんやおかあさんたちの気持ちを真に理解することができないのではないだろうかと思ったりする。

一九七三年である。わたしは自らの不明を解決するために、やはり「今年こそは」と思う。そして、一人ひとりの子どもをすこやかに育てていく、すばらしい七十年代を望む。

〈本稿は『作文と教育』（百合出版、一九七三年一月号）掲載の「子どもとともに」を加筆・転載〉

あとがき

わたしは一九八六年から今日まで、東京都大田区教育委員会の社会教育課ですすめている若草青年学級の主事や、大田区家庭教育学級学級長などの仕事をしています。このなかで、わたしは作文の指導をして、その作文をもとに青年たちや親たちと話し合ってきました。

そして、痛切に感じたことは、それぞれの人がいろいろな障害をもってはいても、事実に即して話す力があり、読む力があり、文章を書く力があれば、その姿は生き生きとしていて若々しく、積極的で、よい人間関係をつくることができるけれども、ことばの力が十分でない人は、こういう姿を見せてくれないばかりか、年ににあわず老いを感じさせられるということです。うつむき、またはうつろに一点を見つめ、じっとしている様子からはその人の人生への喜びが感じられないし、明日への期待や願望や意欲などを感じることができません。言語的退行は、そのままで生活意欲の退行となり、言語の活性化は思考力や想像力の活性化となり、生活を活性化することになるのです。そこで、単語やその文字（ひらがな・かたかな・漢字）、または文章の読み書きを教養講座として設定し、家族のことや職場のことや生活寮のことや、社会問題などを自由に書かせて発表する機会を作ってきました。

お金

お金というのは働いてお金をもらいます。お金というのは食事代とか、ゆうびんきょくほけんにお金をはらいます。私はゆうびんきょくにお金をちょきんしています。私は働くまえは、おやにお金をたくさんもらうことばっかり考えてつかっていました。むだづかいばかりしていました。ブローチなんかいくつも買って、すぐすてたりなくしていました。働くようになってからは、お金のかちがわかりました。自分で動いたお金だからむだにつかいません。私はお金をつかうのがすきだけど、がまんしてちょきんしています。しょうひぜいがいやです。なんでこんなことになったんですか。三パーセントあがったので、きゅうりょうもみんな三パーセントあげてほしいです。どうしてきゅうりょうはあがらないのですか。私はいつもどうしてだろうとかんがえているけどわからないのでがまんしているけどどういうことなんですか。おわり

さぎょう所のこと

私はいつもさぎょう所にいっています。ボランデヤさんもいてなかのいい人ばっかりでいっしょうけんめいはたらいて、いそがしいです。あせをかきながら、さぎょう所はクーラーがあるの。仕事ではいろんな品物がたくさんありすぎるくらい。かぞえきれないくらいすきな人がいます。あこがれの先生がいると、うれしくてたまらないくらい。むねがドキドキしちゃって乙女チックな気分になるの。自分の心の中でしまいたい。私のひみつなの。言えない宝物にしているわ。しごとをいっぱいすることと、すきな友だちをいっぱいつくることが私のゆめなの。江口先生、大すきです。サイコウの気分なの。

OL

私は山田屋ではたらいています。

おかしのはこをはこんでいます。

きゅうりょうは五まん八千円もらいます。

私はOLです。

「ばか」「どうして、この会社きたの」「まともなこと一つ出来ないくせしやがって」「たこべえ、ぼけてるなあ」「ほかの会社じゃこんなばかはつかってくれないだろう」「ぱあすけ」「もったら、くったら、たたら、くたら」

私は毎日こんなふうに、ぎゃあこ、ぎゃあこいわれている。でも、私はOLだからがんばっています。

会社の人たち、しょうがい者だと思ってみとめてほしい。しょうがい者をおなじ人間としてあつかってほしい。そういう世の中にしたいなあ。私はがんばります。

会社のこと

ぼくはこの間、うらないにみてもらって、らい月になると会社がやになるといわれて、ぼくは、去年のきゅうりょう日のとき社長さんに「おまえ、もうちょっとがんばらなくちゃだめだぞ」といわれて、それがおこりっぽくいわれて、やなかおされました。

去年はこしがいたくて会社をやすんで、やすむとおこられて、いくとこしがいたいのでじごくの日でした。

ことしも、去年みたいににたようなくるしい日がくるんじゃないかと心ぱいで夜もねむれなくて、いろいろ考えてしまいました。ことしのきゅうりょう日も、去年のようにおこられるんじゃないかと心ぱいです。会社にいるおにいさんも、ぼくにしつこくします。いやなことをします。どうしたらいいかと考えてばかりいます。

先生のこと

(前略——)

先生は、おこりだすと、ピーピーと声をはりあげて「何やってんのよう。あんたたち。」と言います。どうしていいかわかんないので「ここは、どうしたらいいですか」と先生にききました。そしたら「自分で考えなさい。先生はいそがしんだから」とおこって教えてくれませんでした。先生は友だちが泣くと「いや。泣かないでちゃんとお話をしなさい」と言いました。ことばがあんまり言えなくて、また泣いていたら、顔をピンピーンとたたきました。

私はそのとき、かんじょうを出しておこっているなあと思いました。じゅうどの子に、おこったり、ひっぱたいたりしたって、だめだと思いました。私は先生に、もう少ししょうがいじの一人一人のせいしつをわかって、かんじょうで、ひょうげんしないで、あいじょうをそそいでほしかった。ふつうじとちがうんだということを、いつもいつも頭においていていてほしかった。

しょうがいじは、ただおこればなおると思ったらおおまちがい。先生はふつうの高校の先生になっていってしまいました。やっぱり、しょうがいじの先生にむいていなかったなあと思いました。

これらの作文は私あてに届けてくれた手紙もあります。四百字で三十枚くらいの手紙ももらいました。

こうしたなかで、私は言語は食物と同じように生命維持のはたらきをもっているのではないかと思いました。もちろん、この言語というのは音声言語や文字言語だけではなくて内言語（感性や思考）もふくめてのことです。食物をとり入れて出すことと同じように、内言や外言の刺激を受け入れて内言や外言を表出することが生命活動というものではないだろうか、内言や外言をとり入れられず、表出することもできない状態を脳死というのであろうか、言語の活性化は若さを保持することではないだろうか、などといま私は考えています。

論文のような長いあとがきになってしまいましたが、このようなことを考えながら、学校教育としての国語（ことば）の授業を考えました。そして、私にとっては雑誌に書いた思い出深い論文を多少加筆して付加させてもらいました。障害をもつ子どもたちのために「こくご」の本や「さんすう」の本、そして「全面的な発達をめざす障害児学級の学習指導計画案集」や、この「障害児学級の国語（ことば）の授業」などを出版していただく同成社の山脇氏に感謝しつつペンをおきます。

一九九一年四月二十日

江口　季好

特別支援学級の国語（ことば）の授業

■著者略歴■

江口季好（えぐち・すえよし）

1925年、佐賀県諸富町に生れる。

佐賀師範学校卒業後、早稲田大学文学部卒業。小学校・中学校に勤務。東京都大田区立池上小学校で17年間、障害児学級担任。東京都立大学講師、大田区教育委員会社会教育課主事などを勤める。日本児童文学者協会員、日本作文の会常任委員、全障研会員。

日本作文の会編『日本の子どもの詩』全47巻の編集委員長として1986年、サンケイ児童出版文化賞を受賞。

〈著書〉

『児童詩教育入門』『綴方の鑑賞と批評』『詩集　風風吹くな』『詩集　チューリップのうた』『児童詩集　はとの目』『児童詩教育のすすめ』『作文教育のすすめ』(以上百合出版)、『児童詩の授業』『児童詩の探求』『ことばの力を生きる力に　全３巻』(以上民衆社)、『全面的な発達をめざす障害児学級の学習指導計画案集』『心身障害学級・養護学校用「こくご」』『同「さんすう」』(共著)(以上同成社)、『詩情のある教室』(エミール社) など。

1991年６月30日　初版発行
2010年３月30日改称版１刷

著　者　江　口　季　好
発行者　山　脇　洋　亮
印　刷　モリモト印刷株式会社
組　版　㈱学生援護会

発行所　東京都千代田区飯田橋 4-4-8 東京中央ビル内　同成社
ＴＥＬ　03-3239-1467　振替東京4-20618

Printed in Japan The Dohsei publishing co.,

ISBN978-4-88621-090-6　C2037